Michael Hüther

Abschied von der Öffentlichkeit

Eine kurze Theorie vom Ende der Moderne

HERDER

FREIBURG · BASEL · WIEN

Satz: Grafikstudio Daniel Förster, Belgern
Herstellung: GGP Media GmbH, Pößneck

Printed in Germany

ISBN Print: 978-3-451-39424-9
ISBN E-Book (EPUB): 978-3-451-82996-3

INHALT

Ein Physiker, der nur Physiker ist, kann durchaus ein erstklassiger Physiker und ein hochgeschätztes Mitglied der Gesellschaft sein. Aber gewiss kann niemand ein großer Ökonom sein, der nur Ökonom ist – und ich bin sogar versucht hinzuzufügen, dass der Ökonom, der nur Ökonom ist, leicht zum Ärgernis, wenn nicht gar zu einer regelrechten Gefahr wird.

Friedrich August von Hayek, The Dilemma of Specialisation, 1956

I. DIE BEDROHUNG DER ÖFFENTLICHKEIT

Warum schreibt ein Ökonom über die Bedrohung der Öffentlichkeit? Eine Kompetenzanmaßung? Mut? Übermut? Folgt man Friedrich August von Hayek, dann ist dies keineswegs so, vielmehr wird durch ihn der Ökonom geradezu ermuntert, die Grenzen des eigenen Faches bewusst zu überschreiten. Für politisch und öffentlich relevante Ökonomik ist das eigentlich eine Pflicht.

Die Motivation für diesen Text speist sich aus meiner grundsätzlichen Einschätzung, dass volkswirtschaftliche Entwicklung, unternehmerischer Erfolg und wirtschaftspolitische Möglichkeiten nie unabhängig von allgemeinen politischen Entscheidungen, legislativen Umsetzungen und administrativem Handeln sowie vom alltäglichen öffentlichen Diskurs, gesellschaftlicher Reflexion und daraus folgender Legitimation verstanden werden können. Dazu kommt meine Wahrnehmung, dass der für dieses Zusammenspiel relevante öffentliche Raum aktuell besonders unter Druck steht, sich seine Funktionalität grundlegend verändert und ein Kippmoment erreicht ist.[1] Das führt mich zu Fragen an die künftige Funktionsweise der Gesellschaft. Und das verlangt einen breiteren Blick als den üblichen des Ökonomen.

Der Essay als Textgattung macht deutlich, worum es gehen soll: um einen Anstoß zum Gespräch über die sich aus vielen Quellen und unterschiedlichen Zeitschichten speisende neue Sortierung der Gegenwart. Die These lautet: Es droht eine Abwicklung der Moderne, wenn die Privatheit die Öffentlichkeit dominiert, und damit drohen Verluste an Modernisierungserfolgen, wie sie sich in den vergangenen zwei Jahrhunderten gesellschaftlich, wirtschaftlich und politisch eingestellt haben. Dieser Einschätzung liegt eine grundsätzlich positive Sicht auf die westliche Moderne als Epoche der Gegenwart zugrunde, weil die Selbstermächtigung des Menschen anders nicht zu denken ist. Das bedeutet nicht, dass die Moderne keine negativen Seiten hätte und dass die Modernisierung keine problematischen Folgen zeitigte.[2] Wie sollte es anders sein, die »verrufene Moderne« wird dennoch nicht als Signum unserer Zeit gesehen, weil trotz aller kollateralen Schäden die »Geschichte des Westens« eine Fortschrittsgeschichte ist, eine offene, noch lange nicht auserzählte, trotz aller krummen Pfade im Grunde zielgerichtete Geschichte, denn »die subversive Kraft der Ideen von 1776 und 1789 hat sich noch längst nicht erschöpft«, und das normative Projekt ist im Hinblick auf die Universalität der Menschenrechte unvollendet.[3]

Zu Beginn sind zwei Aspekte deutlich zu machen: Das ist kein Text zur Corona-Pandemie, obgleich daher ursprünglich der Anstoß kam und die zu beobachtenden gesellschaftlichen Veränderungen dadurch eine besondere Zuspitzung erfahren haben. Insofern spielt die Pandemie eine wichtige Rolle für die Argumentation, aber es ist kein Buch, das Pandemie und Pandemiepolitik in den Mittelpunkt rückt. Und es ist ebenso kein Text über den Angriffskrieg Russlands auf die Ukraine, der während der Arbeit an diesem Manuskript begann, sowie dessen Folgen für Geopolitik und Geoökonomie. Allerdings führt die daraus resultierende Perspektive auf eine neue Bipolarität der Welt ebenfalls zu der Frage, wie wir unsere Modernisierungsgewinne in die Zukunft führen, wenn der Systemkonflikt mit dem staatskapitalistischen China das Gegenmodell zum transatlantischen Westen und seiner Modernisierungserfahrung offeriert. Beide Schocks – die Pandemie und Russlands Aggression – wirken verdichtend auf sich seit längerer Zeit entwickelnde gesellschaftliche Trends und sind nicht voraussetzungslos, sondern mehr Prägung als Ursache der ausgerufenen »Zeitenwende«.[4]

Der öffentliche Raum hat sich infolge der Modernisierung der vergangenen zwei Jahrhunderte im transatlantischen Westen als wichtige Steuerungsinstitution entwickelt, die das vielfältige alltägliche Miteinander der Menschen als Staatsbürger, als Gesellschaftsmitglieder und als Wirtschaftsakteure prägt. Demokratie manifestiert sich bei uns sowohl in willkürfreien Prozeduren und Wahlverfahren als auch im alltäglichen gesellschaftlichen Gespräch – dem für jeden Einzelnen zumutbaren »Wagnis der Öffentlichkeit« (Hannah Arendt). Wir sprechen von deliberativer Demokratie mit sich dynamisch gestaltenden sozialen Räumen als Folge und Ausdruck der öffentlichen Kommunikation. Zugleich ist unsere Wirtschaftsordnung dezentral und innovativ über Märkte getrieben, die ihrerseits von der Dichte der Arbeits-, Wissens- und Risikoteilung in der räumlichen Ordnung leben. Öffentlichkeit und öffentlicher Raum werden nicht auf den politischen Streit der besseren Argumente verengt, sondern ebenso als Ort der Vermittlung und Gestaltung des Alltags sowie des ökonomischen Austauschs verstanden.

Der öffentliche Raum steht vor grundlegenden Herausforderungen, die sich aus gesellschaftlichen Trends ableiten, welche bereits seit längerem wirken und für die Ausreifung der westlichen Moderne kennzeichnend sind. Diese Trends – Globalisierung und Fernbeeinflussung, Digitalisierung und Selbstermächtigung, Individualisierung und Identitätsegoismus, Komplexitätszunahme und Eindeutigkeitsverlust – sind je für sich beschrieben und erörtert worden. Entscheidend ist der erreichte Reifegrad der Entwicklung, der dazu führt, dass qualitative Veränderungen in der Gesellschaft eintreten, die sich in Konflikten, Widerständen und neuer Rückwärtsgewandtheit äußern. Zudem haben sich die Wirkungszusammenhänge und die wechselseitigen Bedingungen der Trends verschärft.

Seit dem Frühjahr 2020 hat sich dazu die Erfahrung der Covid-19-Pandemie gesellt, die tief in das öffentliche Leben eingegriffen hat. Die Hoffnung, dieser Eingriff verlöre seine Wirkmacht, sobald die Pandemie zu einem endemischen Phänomen wird, ist unrealistisch. Denn ganz unabhängig von der endemischen Manifestation des

SARS-CoV-2-Virus in grippeähnlichen Wellen und der Bedeutung
von Long Covid bleibt die Erfahrung fundamentaler Verletzlichkeit
moderner Gesellschaften. Ein gesellschaftliches Leben ohne Öffentlichkeit, der weitreichende Rückzug aus dem öffentlichen Raum und
damit ein Rütteln an den Grundfesten der westlichen Moderne zu
erleben, all dies wird nicht ohne dauerhafte Wirkung bleiben. Die
engstirnige Null-Covid-Strategie in China mit der Folge wieder-
kehrender, weitreichender Abschließung des öffentlichen Raums
bestätigt diesen Zusammenhang; der Mangel an gesellschaftlichem
Vertrauen, die tiefe Verankerung autoritärer Mechanismen in Politik
und Gesellschaft sowie die Abwesenheit eines zivilgesellschaftlichen
Korrektivs lassen zu, dass der Staat dort beliebig und umfassend Frei-
heits- sowie Bürgerrechte einschränken kann.

Zudem werden die ökonomischen und gesellschaftlichen Folgen
des Ukraine-Krieges in den westlichen Gesellschaften für den öffentlichen Raum zunehmend sichtbar: Historische Teuerungseffekte,
Störung der Weltenergiemärkte und der globalen Liefernetze haben
neue ökonomische Anforderungen gestellt. Die Verteidigungsfähig-
keit muss massiv gestärkt, der gesellschaftliche Widerstandswille au-
ßen- und sicherheitspolitisch neu formiert werden. Die Wohlstands-
verluste sind nicht zu verdrängen und wegzubuchen, sie müssen
hingenommen werden; die zu verändernden Prioritäten verlangen
nach Umschichtungen im öffentlichen Haushalt. All das birgt soziale
Konflikte und gesellschaftliche Auseinandersetzungen. Die Illusion
einer dauerhaften Friedensdividende ist jedenfalls zerstoben. Neu
bewertet wird zudem die Globalisierung, manche rufen gar deren
Ende aus, weil sie eine Politik für die Gestaltung der weltweiten
Kooperation ablehnen. Der globale Systemkonflikt setzt die offenen
Diskurse liberaler westlicher Gesellschaften verschärft unter Druck.
Die Sicherheit der individuellen Selbstermächtigungsoption ist ge-
fährdet, und der öffentliche Raum droht seine Orientierungs- und
Steuerungsfunktion zu verlieren.

Die genannten gesellschaftlichen Trends, die Pandemieerfahrung
und die russische Aggression haben die gleiche Stoßrichtung: eine

Gefährdung des öffentlichen Raums als Ort der Kommunikation und des Gesprächs, der Positionsbestimmung und der Aushandlung, des Streits über Interessengegensätze und der Konfliktlösung, der friedlichen Gewaltenteilung. Die Gefährdung ergibt sich einmal durch die Überforderung des gesellschaftlichen *common sense of interest* (eines gemeinsamen Sinnes für ein gemeinsames Interesse, David Hume) aufgrund von Globalisierung, Digitalisierung und der Verengung der Identitätsidee auf die subjektive Existenzwahrnehmung (Identitätsegoismus), zudem durch den pandemiepolitisch geforderten Rückzug in die Privatheit sowie durch die Neubewertung kollektiver Prioritäten seit dem 24. Februar 2022. Mehr als nur emblematisch steht für diese Verquickung die Konjunktur der Heimarbeit als extremer Rückzug in die Privatheit und die Vermischung der unterschiedlichen Lebenssphären, als Abkehr vom öffentlichen Raum mit einer dominanten Kultur der Präsenz – dem Alltagskonzept der Moderne – sowie als Einkehr in das technisch ertüchtigte »ganze Haus« (Otto Brunner) – das Alltagskonzept der agrarischen Welt Alteuropas, der Vormoderne.[5]

Begreift man in der Deutung von Peter Berger und Thomas Luckmann[6] die alltägliche Lebenswirklichkeit als eine gesellschaftliche Konstruktion, in der sich das breitenwirksame Wissen – nicht im Sinne von Wissenschaft, sondern als weithin akzeptierte Deutung von Sachzusammenhängen – manifestiert, dann richtet sich die Frage darauf, was sich in diesem Wissen verändert hat oder verändern muss. »Die Alltagswelt breitet sich vor uns aus als Wirklichkeit, die von Menschen begriffen und gedeutet wird und ihnen subjektiv sinnhaft erscheint.«[7] Darin verbirgt sich der Hinweis, dass die Gesellschaft eine doppelgründige Wirklichkeit ist, als objektive Gegebenheit sowie als subjektive Aneignung und Deutung. »Die Alltagswelt wird ja nicht nur als wirklicher Hintergrund subjektiv sinnhafter Lebensführung von jedermann hingenommen, sondern sie verdankt jedermanns Gedanken und Taten ihr Vorhandensein und ihren Bestand.«[8]

Wenn nach der Neuformierung unserer Lebenswelt gefragt wird, dann kann dies nicht nur auf die objektiven Bedingungen makrostruktureller Veränderungen und exogener Schocks – wie die Pandemie, den Krieg gegen die Ukraine oder die Klimakrise – zielen, sondern bindet immer mit ein, was die Menschen diesen Daten als Verständnis und Bedeutung beimessen, aber auch, wie sie diese durch Haltung ausdrücken und durch Handlung umsetzen. Erst dann wird aus den objektiven Daten eine neue Alltagswelt. Ebenso gilt bei den aufgeführten Trends, dass diese zwar grundsätzlich bestimmte Wirkungen entfalten, deren Ausmaß und Intensität aber schwanken. Das Alltagsweltwissen differiert in Raum und Zeit. Gesellschaften reproduzieren trotz aller Globalisierung und Offenheit in erstaunlicher Beharrlichkeit das über eine lange Vergangenheit Gelernte und habituell Reflektierte. »Die historischen Gesellschaftsstrukturen erzeugen Identitätstypen, die im individuellen Fall erkennbar sind.«[9] Jede Gesellschaft hat – so Helmuth Plessner – spezifische »Widerlager« ihres Bewusstseins, die unweigerlich zu stabilen Differenzierungsprozessen zwischen Gesellschaften führen.[10]

»Die Gesellschaft als subjektive Wirklichkeit« setzt »die fundamentale Erfahrung des Anderen […] von Angesicht zu Angesicht« – eine Kultur der Präsenz – voraus. »Die Vis-à-Vis-Situation ist der Prototyp aller gesellschaftlichen Interaktion.« Dort »erkenne ich das Subjekt-Sein des Anderen an einer Fülle von Anzeichen«.[11] Und nur im Miteinander erfahre ich, ob Vorstellungen, Werthaltungen, Handlungen einen Sinn ergeben, weil sie mit den entsprechenden Äußerungen und Reaktionen der anderen konfrontiert werden. Diese Quasiobjektivierung durch Kompromissbildung ist die elementare Voraussetzung für Sinnfindung als kollektiven Vorgang. Das ist gleichermaßen schmerzhaft und ermutigend. Was aber bedeutet es, wenn dieser Prozess unterbrochen, gestört oder in die digitale Welt verlegt wird? Diese Frage drängt sich umso mehr auf, wenn man bedenkt, dass die Sprache als Ausdruck die Alltagserfahrung und das Vis-à-vis bestimmt. Denn anders als Mimik und Gestik weist die Sprache durch ihr Potenzial dokumentarischer Verschriftlichung über den Augenblick der Begegnung hinaus, ist aber von diesem meist nicht zu trennen. Berger und Luckmann nennen es die Kraft der Objektivation, die der menschlichen Ausdrucksform eigen sei. Im

Zusammenspiel mit der Externalisierung von Gesellschaft durch die Ausbildung und Legitimation von Institutionen einerseits und der Internalisierung von Gesellschaft sowie Spiegelung des Alltags durch Sozialisation des Einzelnen andererseits lassen sich die gesellschaftliche Konstruktion der Wirklichkeit und ihre aktuelle fundamentale Bedrohung systematisch verstehen.

Dieser ständige Rückkopplungsprozess gesellschaftlicher Konstruktion findet vor allem dort statt, wo Öffentlichkeit und soziale Präsenz ganz selbstverständlich und intensiv gegeben sind: in Städten, genauer in Städten europäischen Typus als Muster der Urbanisierung in der Moderne. Dort hat sich auf dem Weg zur Moderne eine Sphäre der Öffentlichkeit entwickelt, die der alteuropäischen, der agrarisch geprägten Welt fremd war. In hoher Dichte und Intensität trafen unterschiedliche Lebensformen und Erfahrungen aufeinander, die in den Bürgerrechten eine Objektivierung durch Institutionen erreichten. Die Stadt ist gekennzeichnet durch die Latenz der Vielfalt und Diversität, deren Ausbruch in die Realität oder Ausdruck als Realität den kontextualen Bedingungen jeder Zeit folgt.

Im Laufe des 20. Jahrhunderts bewirkte dieser permanente Wandel der Öffentlichkeit einen Wandel der Entfremdungsidee von der frühindustriellen Marx'schen Deutung hin zur allgemeineren Klage über die »Totalität des Anonymen« und als »nie ganz erloschener Widerwillen gegen eine durchfunktionalisierte Lebensordnung«.[12] Damit erweist sich die Doppelgründigkeit der Gesellschaft als Herausforderung für den Einzelnen, der seine soziale Rolle im Konflikt mit seiner Privatheit verspürt und in Sorge um diese immer wieder eine Abwehrhaltung gegen das Soziale einnimmt. Dieses »Doppelgängertum [öffentlich und privat] kann der Mensch nicht aufheben«.[13] Sichtbar wird diese Spannung in den einzelnen Rollen, die der Mensch einnimmt, zum Beispiel als Eltern oder als Berufstätige. Jeweils prägen private Vorstellungen, Normen und Erfahrungen, deren Wirkung auf Gesellschaft und Wirtschaft jedoch ebenso offenkundig ist und eine besondere Verantwortung begründet. Anders gewendet: *»No man is an island, entire of itself«* (John Donne).

So sind gesellschaftliche Trends stets im Licht der grundsätzlichen Spannung moderner Alltagslebenswirklichkeit einzuordnen und zu bewerten. Die formulierte These einer Bedrohung der Öffentlichkeit mit der Folge einer Abwicklung der Moderne gewinnt damit eine zusätzliche Perspektive. Ausgehend von diesen Befunden und Überlegungen stellen sich deshalb Fragen sehr grundsätzlicher Art über die historischen Voraussetzungen und systematischen Bedingungen des öffentlichen Raums als Institution der Moderne in unserer Zeit. Offenkundig haben dafür Städte – als Latenz der Vielfalt und Diversität – eine herausragende Bedeutung. Denn beide Sphären gesellschaftlicher Entäußerung – die deliberative Demokratie sowie die innovative Marktökonomie – sind nicht nur historisch an städtische Lebensräume, verdichtete Agglomeration und urbane Kultur gebunden. Städte sind der Maschinenraum der Moderne. In Anbetracht dieses Potenzials sowie des Verlusts an Urbanität soll in *Kapitel II* dem prägenden Konstrukt der modernen Lebenswirklichkeit nachgespürt werden, um dessen Bedeutung für die Gegenwart und ebenso deren Gefährdung zu erfassen.

Es schließt sich die Frage an, welche institutionell-technischen Voraussetzungen und Prägungen die gesellschaftlich gerahmte Lebenswirklichkeit der Moderne hat und was damit auf dem Spiel steht. Verstädterung und Urbanisierung charakterisieren moderne Gesellschaften und grenzen sie gegenüber früheren Welten ab. Agglomeration und Fühlungsdichte im menschlichen Miteinander sind politisch und ökonomisch wirksam, jedenfalls latent vorhanden. Städte definieren und verankern die Ordnung des Lebens im Raum und fungieren als innovationsspeiende »Vulkane der Ökonomie«. Damit wird deutlich, was auf dem Spiel stehen kann, wenn Städte sozial und wirtschaftlich an Bedeutung verlieren. Die sich daraus ergebende Frage, welche institutionell-technischen Voraussetzungen und Prägungen die gesellschaftlich gerahmte Lebenswirklichkeit der Moderne hat und was damit auf dem Spiel steht, wird in *Kapitel III* behandelt.

Die Covid-19-Pandemie stellt als Antimodernisierungsschock zusätzliche Fragen an Ökonomie und Gesellschaft. Die Zukunft der

Globalisierung ist eine, die sich aufdrängt; die Zukunft der Staatsfinanzen eine andere. Aber was ist mit der Zukunft des öffentlichen Raums, wo doch die gesellschaftliche *Licence to operate*, die gesellschaftliche Akzeptanz, der Unternehmen ausgestellt wird? Den Ausgangspunkt dieser Überlegungen in *Kapitel IV* bildet der Befund eines Abschieds von der Skepsis, was mehr bedeutet als eine weniger kritische oder distanzierte Sicht auf die Dinge, nämlich eine Veränderung der Denkungsart, die Skepsis nun als Zumutung statt als Anregung und Bereicherung begreift.

Welche Bedeutung erlangen, so lautet die sich daraus ableitende Frage, die Abkehr von der Öffentlichkeit und die (durch die Pandemie noch verschärfte) Rückkehr in die umfassende Privatheit im Zusammenspiel mit der digitalen Transformation? Diese Reaktionsmuster sind deshalb so beachtenswert, weil sie auf das zuvor schon länger wahrgenommene Unbehagen an der Moderne einzahlen. Gesellschaftliche Spaltungen, die sich entlang der Globalisierungswirkungen zwischen den *Anywheres* und den *Somewheres* herausgebildet haben, werden vertieft und erweitert, wenn Öffentlichkeit vor allem als Wagnis gesehen wird. Denn ohne eine gemeinsame Öffentlichkeit laufen die unterschiedlichen Bevölkerungsgruppen Gefahr, Kontakt und Gelegenheiten für die Kommunikation sowie gemeinsame Erfahrungen zu verlieren, wie *Kapitel V* zeigen wird.

Mit dem Überfall Russlands auf die Ukraine am 24. Februar 2022 haben sich grundlegende Bedingungen unserer gesellschaftlichen Wirklichkeit verändert. Daraus resultiert eine neue, historisch für überholt geglaubte Bedrohungslage, die sich militärisch auf die Vernichtung der Städte und des städtischen Lebens in der Ukraine konzentriert. Deren Folgen sind noch kaum zu übersehen, doch klar ist, dass dadurch bei uns eine gesellschaftliche Grenzsituation entstanden ist, die den Einzelnen ebenso fordert wie die freiheitliche Gesellschaft im Allgemeinen. Dieser Krieg wird zur politischen Schwächung und ökonomischen Verarmung Russlands führen. Eine Rückkehr in eine balancierte geopolitische und geoökonomische Machtstruktur wird dem Land unter dem diktatorischen Regime Putins verwehrt sein.

Der Ausweg in die Juniorpartnerschaft mit der Volksrepublik China verschärft die Bedingungen des Systemkonflikts. Im Kontrast zur chinesischen Realität eines Kapitalismus ohne öffentlichen Raum, mangelnder gesellschaftlicher Bindung und fehlenden innergesellschaftlichen Zutrauens sowie institutionellen Vertrauens seitens der Menschen werden – wie in *Kapitel VI* entwickelt wird – die Modernisierungsgewinne des transatlantischen Westens umso wertvoller, aber zugleich auch umso bedrohter.

In Reaktion auf die russische Aggression hat es eine erstaunliche Parallele im wissenschaftlichen Diskurs zu den Einlassungen und Auseinandersetzungen während der Pandemie gegeben. In beiden Fällen wurde Wissenschaft in hohem Maße moralisiert. Der gesellschaftliche Schock infolge der Pandemie und deren lebensbedrohlichen Konsequenzen hat ebenso wie der Schock infolge des Krieges in Europa und des unermesslichen menschlichen Leids in den dabei besonders befragten wissenschaftlichen Disziplinen zu Positionen geführt, die eine eindeutige Prognosequalität ihrer Ergebnisse betonen, einem gebotenen methodischen Zweifel jedoch nicht standhalten. In der Pandemie galt dies etwa für die mathematische Modellierung der Virusausbreitung, nach dem Kriegsbeginn für die Frage, ob Deutschland volkswirtschaftlich unbedenklich sofort und vollständig auf den Import von russischem Gas verzichten könne. Dabei soll nicht negiert werden, dass man solche Ergebnisse ermitteln kann, nur eben nicht als eindeutige Resultate, die bar jeder normativen Setzung sind. Wissenschaft methodisch auf formale Ansätze zu verengen, scheint ein Zug der Zeit zu sein, in der Menschen nach vermeintlicher Sicherheit lechzen.

All dies führt schließlich zu Überlegungen darüber, wie der Einzelne in diesem Gewirr von Freiheitsüberforderung und Identitätsegoismus, von Modernisierungsmüdigkeit und digitalen Steuerungsgewinnen sowie vielfältigen Bedrohungen zurechtkommen kann. Können wir der Verlustandrohung entgehen und ihr etwas entgegensetzen oder müssen wir die Antimodernisierungstendenzen hinnehmen? Wir brauchen neue Formen gesellschaftlicher Vermittlung und wechselseitiger Bezüglichkeit, um dem Einzelnen im öffentlichen Raum jene Stabilität und Sicherheit zu offerieren, die er so grundsätzlich benötigt. Jedenfalls kann nur dann die Privatheit als Zufluchtsort die erhofften Versprechen auf Schutz, Stabilität und Sicherheit erfüllen, wenn die Modernisierungsgewinne der Öffentlichkeit – gesellschaftliches und institutionelles Vertrauen als Bedingung für die Selbstermächtigung des Einzelnen – gesichert werden können. Die vielfältige Unordnung unserer Zeit ruft nicht nach Utopien, die global und auf lange Sicht vage Hoffnung adressieren, sondern nach Handreichungen praktischer Vernunft mit der Aussicht auf Realisierbarkeit, wie sie in *Kapitel VII* diskutiert werden.

* * *

Jedes Buch hat seine Geschichte. Die inhaltlichen Perspektiven lassen es erkennen. Jedes Buch lebt von den beiläufigen wie absichtsvollen Hinweisen und Impulsen anderer. Jedes Buch profitiert von der konkreten Begleitung. Dafür danke ich in unterschiedlichen Phasen meinen Kollegen Knut Bergmann und Matthias Diermeier sowie meinem Sohn Paul Hüther. Das Manuskript hat von ihren Interventionen und Hinweisen sehr profitiert.

[Die Großstadt] ist mehr als nur der Ort oder das Laboratorium
der Moderne. Denn sie ist nicht allein der Platz, an
dem sich bestimmte Phänomene wie Geldwirtschaft und
Konsumgesellschaft am frühesten ausbilden, sondern zugleich
der Ort, an dem – am prominentesten in den Künsten –
eine spezifisch moderne Wahrnehmungsweise entsteht.

Friedrich Lenger, Metropolen der Moderne, 2014

II. IM MASCHINENRAUM DER MODERNE: VORAUSSETZUNGEN UND BEDINGUNGEN DES ÖFFENTLICHEN RAUMS

Zwei begriffliche Konzepte stehen hier zur Diskussion: Moderne und Maschinenraum. Der Maschinenraum kann als mobilitätsbezogene Metapher gedeutet werden, denn ursprünglich findet sich der Begriff im Zusammenhang mit Schiffen und anderen Formen technikgetriebener Mobilität wie Lokomotiven. Maschinen werden eingesetzt, um in zielgerichteter Weise Energie für Bewegung zu produzieren. Maschinenräume sind Kinder der industriellen Revolution und damit eine Voraussetzung für die Modernisierung der vergangenen zwei Jahrhunderte. Die Moderne beschreibt einen sozialen, wirtschaftlichen und politischen Lebensraum als Ergebnis dieser Modernisierung, und sie schafft neue Formen der Wahrnehmung sowie Möglichkeiten, die Welt anzuschauen und sich anzueignen.

In den Gesellschaftswissenschaften, aber auch in der Geschichtswissenschaft ist das Konzept der Moderne konzeptualisiert und diskutiert worden. Dabei ist ebenso allgemein von »Moderne« die Rede, wenn die großen Linien gesellschaftlichen Wandels der letzten zweihundert Jahre thematisiert werden, als auch von »klassischer Moderne«, »Postmoderne«, »anderer Moderne«, »zweiter Moderne«,

»Welt-Moderne«, »flüchtiger Moderne«, »verrufener Moderne« oder »Spätmoderne«, wenn speziellere Pfade oder spätere Zeiträume in den Blick genommen werden sollen. Moderne soll im Weiteren als Epochenbegriff verwendet werden, der die großen gesellschaftlichen, wirtschaftlichen und politischen Trends seit der Epochenschwelle von 1750 bis 1850 – verbunden mit Reinhart Kosellecks Begriff der »Sattelzeit«, mit dem er in Anknüpfung an die Metapher eines Bergsattels den Übergang von der Vormoderne in die Moderne beschrieb – bündelt und deren gemeinsame Stoßrichtung herausdestilliert: die historisch bewusste, gesellschaftlich organisierte und politisch gerahmte Selbstermächtigung des Menschen im öffentlichen Raum bei gleichzeitiger Abgrenzung, Stärkung und Sicherung der Privatheit.

Dieser Zugewinn an Kompetenz und Freiheit und damit das Hineinwachsen in die doppelgründige Wirklichkeit der Moderne als objektive Gegebenheit und als subjektive Aneignung sowie Deutung ist immer stärker Ambiguitäten ausgesetzt, die sich aus den technischen und prozessualen Bedingungen der Moderne, genauer des Lebens in der Moderne ergeben. Das verbirgt sich hinter den verschiedenen angeführten begrifflichen Konzepten. Daraus folgen Trends, die die Moderne aus sich selbst heraus unter Druck setzen, Herausforderungen und Gefährdungen sowie eine Überforderung des Individuums in der Freiheit begründen.

1. Die bürgerliche Selbstermächtigung des Menschen

Selbstermächtigung setzt voraus, dass die Menschen sich selbst gewiss werden, dass sie ihren Lebenslauf nicht mehr (nur) als vorbestimmt ansehen und dass sie sich auf organisierte sowie gesicherte öffentliche Räume verlassen können. Erst das langsame kollektive Durchbrechen der gläsernen Decke des Standesdenkens eröffnet die Perspektive auf eine freie Gestaltung des eigenen Lebens. Dadurch wird offenbar, dass die Selbstermächtigung nicht nur als individuelle Herausforderungen erscheint, sondern ebenso als kollektive Leistung. Der Einzelne wird erst in der modernen bürgerlichen Gesellschaft wirklich zum Akteur, weil neue, leicht zugängliche Kommunikationsmedien um ihrer selbst willen entstehen (wie Zeitungen und Informationsschriften als Wissensspeicher), weil Kunst, Theater und Wissenschaft aus höfischen Bezügen befreit werden; es kommt »zu einem Bedeutungsaufschwung öffentlicher Verständigung«.[1] Damit wird der Blick auf die Voraussetzungen für den Einzelnen ebenso gerichtet wie auf die historische Bedingtheit des Daseins. In diesem Sinne ist der Begriff der »bürgerlichen Selbstermächtigung« zu verstehen.

Geistesgeschichtlich greift die Selbstermächtigung des Menschen weit zurück, nämlich auf die Gesinnungsfreiheit im Verständnis Martin Luthers und auf die politische Freiheit im Sinne von Thomas Hobbes. Beide haben im Zusammenspiel mit den späteren politischen und ökonomischen Revolutionen neue Handlungsräume eröffnet und neue Handlungsmöglichkeiten geschaffen. »Was der Protestantismus auf spirituellem Gebiet zur Befreiung des Menschen begann, hat der Kapitalismus auf geistig-seelischem, wirtschaftlichem und politischem Gebiet fortgeführt. [...] Die individuelle Beziehung zu Gott war die psychologische Vorbereitung für den individuellen Charakter der weltlichen Betätigung des Menschen.«[2]

Doch zugleich wurde die Überforderung des Menschen in der Freiheit, sein »Doppelgängertum« (Plessner), erlebbar. Die mit der Wende vom Mittelalter zur Neuzeit eingeläutete, durch die Reformation mitbetriebene und in der politischen Philosophie reflektierte Neubestimmung des Menschen hat nicht nur die Potenziale deutlich gemacht, sondern ebenso die Herausforderungen, Überforderungen und Konflikte. Die Freiheit als absolute, nicht kompensierbare Anforderung an den einzelnen Menschen ist nur zu bewältigen, wenn es zugleich Mechanismen und Strukturen der partiellen Entlastung gibt, die selbst allerdings wiederum durch formale und anonyme Ordnung als Zumutung erscheinen. Der Mensch sucht deshalb nach besonderen Räumen der Unbelangbarkeit, weil es in der westlichen Moderne

eine Befreiung von der Freiheit nicht geben kann. Er braucht diese
Entlastung, um die Fähigkeit zur Freiheit zu entwickeln. Er braucht
sie umso mehr, weil mit der Aufklärung der Mensch selbst in die Verantwortung für die Welt geriet.[3]

Raum für Verantwortungsfähigkeit entsteht im bürgerlichen Miteinander, in der konkreten Lebensumgebung dort, wo die Moderne
organisiert und gelebt werden kann: in den Städten europäischen
Typs. Dabei handelt es sich um Städte, die topografisch und historisch bis heute einzigartig geprägt sind, weil sie vom Zentrum her
entstanden, hochverdichtet auf kleiner Fläche eine große Vielfalt von
öffentlichen Einrichtungen und öffentlichen Räumen verbinden. Die
Innenstadt ist kompakt gestaltet, verbindet alle zentralörtlichen Funktionen und beinhaltet die denkmalpflegerisch aufwendig gestalteten
weltlichen und kirchlichen Repräsentationsbauten; der Bodenwert ist
dort regelmäßig am höchsten; die Straßenführung ist eng und zumeist
komplex; die Mehrgeschossbauweise nahm seit der Industrialisierung
zu und führte zu einer vorher nicht gekannten Trennung der Arbeits-
und Wohnfunktion von Gebäuden.[4]

Für den Bedeutungszuwachs der europäischen Städte kam seit der
revolutionären Epoche vieles zusammen. Während Reformation und
Aufklärung auf der geistesgeschichtlichen Seite stehen, ermöglichten
realgeschichtliche Innovationen in der Landwirtschaft (Fruchtwech-
selwirtschaft, bessere landwirtschaftliche Geräte) und neue Formen
der Lebensgestaltung (Wegfall der Heiratsverbote), dass die Bevölkerungsentwicklung aus der Malthusianischen Falle – jede dynami-
schere Bevölkerungsentwicklung gerät schnell an die Grenzen der
nur linear sich entwickelnden Ernährungsbasis – ausbrechen und
das Leben in Städten an Bedeutung für viele Menschen gewinnen
konnte. Das Pro-Kopf-Einkommen begann in den fortschrittlichen
Ökonomien kontinuierlich zu steigen, Bevölkerungszunahme und
Produktivitätsanstieg griffen auf zuvor unbekannte Weise ineinander.
Gewerbebetriebe mit einer neuen räumlichen Organisation der Produktion traten in den Mittelpunkt und beförderten den Handel; der
technische Wandel ermöglichte Massenproduktion. All das erforderte

erhebliche Anstrengungen zur Entwicklung der Energieversorgung und der Verkehrsinfrastruktur, was wiederum neue Potenziale schuf. Eine besondere Bedeutung erlangte der Ausbau der Eisenbahnen im 19. Jahrhundert. Damit wurden Raumerschließung, Raumüberwindung und Zeitmanagement in neuer Qualität für grundsätzlich jeden zugänglich.

Die Menschen erlebten ungeahnte Gewinne an selbstbestimmter Zeit, weil die Steigerung der Lebenserwartung mit einer Separierung von privatem Leben und Beruf sowie mit einer Verkürzung der Arbeitszeit einherging, ermöglicht durch die dank technischen Fortschritts erzielten Produktivitätsgewinne. Der Kampf der Arbeiterbewegung in nahezu allen Industrieländern nach Mitte des 19. Jahrhunderts um den Achtstundentag und dessen dann erreichte Einführung steht symbolisch dafür. Neue Zeitmuster, vor allem Zeitsouveränität sind Folgen der Modernisierung. Damit stellten sich Fragen nach der Zeitverwendung, auch nach der Möglichkeit und Akzeptanz der Langeweile. Die produktive Nutzung souverän zu gestaltender Zeit traf in den Städten auf andere Angebote als im ländlichen Raum. Kultur, Bildung und Sport als sinnvolle, sozial gebundene Zeitverwendung in der Freizeit erhielten eine ganz neue und tiefgreifende Bedeutung für die Lebensgestaltung. Die Latenz der städtischen Vielfalt wurde zum realistischen Versprechen: Museen, Theater, Konzerte sowie Volks- und Bürgerfeste antworteten auf die neuen Möglichkeiten und Wünsche der Menschen.

Das Ineinandergreifen des geistesgeschichtlichen und des realgeschichtlichen Aufbruchs zu neuen Möglichkeiten und Horizonten manifestierte sich in der Stadt. Die Verdichtung, aber auch Standardisierung und Konventionalisierung des städtischen Lebens im Alltag war umgeben von kulturellen, gesellschaftlichen und wirtschaftlichen Formen des Miteinanders, die sich sowohl kooperativ wie konfliktär ausformten als auch in hoher Dynamik Neues schufen. Ohne die Stadt mit ihrer Umschlagsgeschwindigkeit, ihrer Wahrnehmungsdichte und ihrer Latenz von Vielfalt und Diversität sind die Modernisierung, die sich bis in unsere Zeit verlängerte, und die Konstitution der Moderne nicht denkbar.

»Man hat die städtische Modernität, wie sie in der zweiten Hälfte
des 19. Jahrhunderts entstand, zu fassen versucht als Verbindung von
rationaler Planung und kulturellem Pluralismus (David Ward, Olivier
Zunz), als Ordnung in der Verdichtung (David Harvey) oder als Raum
von Experiment und ›factured subjectivity‹ (Marshall Berman).«[5]
Oder wie es Karl Marx und Friedrich Engels im »Kommunistischen
Manifest« formuliert haben: »Die Bourgeoisie hat das Land der Herrschaft der Stadt unterworfen. Sie hat enorme Städte geschaffen, sie hat
die Zahl der städtischen Bevölkerung gegenüber der ländlichen in hohem Grade vermehrt und so einen bedeutenden Teil der Bevölkerung
dem Idiotismus des Landlebens entrissen. Wie sie das Land von der
Stadt, hat sie die barbarischen und halbbarbarischen Länder von den
zivilisierten, die Bauernvölker von den Bourgeoisvölkern, den Orient
vom Okzident abhängig gemacht.«[6]

Die westliche Welt erlebte im 19. Jahrhundert eine ungeahnte
Verstädterung (als Wachstum der Städte) und Urbanisierung (als
Wandel der Lebensbedingungen). Waren um das Jahr 1800 in Europa
19 Millionen Menschen (10 Prozent) in Städten zu Hause, so waren
es um das Jahr 1900 über 108 Millionen Menschen (27 Prozent); die
Anzahl der Großstädte mit über 100 000 Einwohnern erhöhte sich in
diesen hundert Jahren von 21 auf 147.[7] Die Urbanisierung eröffnete
und forderte neue Möglichkeiten öffentlicher Verständigung für die
bereits seit dem 18. Jahrhundert verbreiteten Institutionen. Bücher,
Zeitschriften und Zeitungen fanden in drastisch gesteigerten Aufla-
gezahlen nach 1750 eine rasche und umfassende Verbreitung in den
lesenden Bildungsschichten, d. h. dem intellektuell emanzipierten
und ökonomisch zunehmend unabhängigen städtischen Bürgertum.
In Lesezirkeln wurde nicht nur gemeinsam gelesen, darüber debat-
tiert und so das Bewusstsein geprägt (»Leserevolution«), sondern die
Inhalte wurden schnell verbreitet und durch die Entwicklung des Zei-
tungswesens sozial wirksam (»Medienrevolution«). Künstlerische Ansprache und gelehrte Gesellschaften eröffneten neue Aktivitätsmuster.
Diese griffen auf das Ökonomische über, für das die Städte als Märkte
und Messeplätze immer schon eine herausragende Bedeutung hatten.

Insgesamt resultierte daraus eine »Ökonomisierung der Gesellschaft«, mit der sich Kultur und Ökonomie auf vielfältige Weise verzahnten und gegenseitig stärkten.[8]

Mit der Modernisierung des 19. Jahrhunderts konnten Städte unterschiedliche Profile ausprägen: beispielsweise als Konsumentenstadt, als Produzentenstadt oder als Dienstleistungs- und Verwaltungsstadt.[9] Die Öffentlichkeit konstituierte sich grundlegend neu, und mit ihr die Begriffe für das Öffentliche, für das Gemeinsame. Professionelle Kommunikation über Zeitungen – als Treiber der Öffentlichkeit – setzte nicht nur neue technische Möglichkeiten (Rotationsdruckmaschinen) sowie Innovationen in der notwendigen Logistik (Eisenbahn) voraus, sondern bedurfte für deren Wirksamkeit einer großen Anzahl an Teilnehmern: Kommunikation war und ist Netzwerkbildung, und die begann in der räumlichen Dichte der Bevölkerung, wie sie nur in Städten als Folge der Modernisierung zu finden war. Das wiederum stärkte die Anreize, in die Städte zu ziehen, und zwar wegen der Agglomerationsvorteile, die im Grundsatz bis heute gegeben sind. Die verkehrlich sowie medial vernetzten Städte erlangten eine Qualität, nationale öffentliche Räume zu begründen und diese mit fortschreitender kommunikationstechnischer Entwicklung, etwa dem ersten transatlantischen Telefonkabel, das im Jahr 1885 verlegt wurde, global zu vernetzen.

Was Städte für das gesellschaftliche, politische und ökonomische Leben bedeuten, konnte man im Ausnahmezustand des Lockdowns im Frühjahr 2020 in all seinen Dimensionen spüren. Das städtische Leben war auf das Mindestmaß des für die elementare Versorgung unabwendbar Notwendigen reduziert, die öffentlichen Räume waren geschlossen, die Mobilität zwischen Städten sowie diesen und ländlichen Regionen unterbunden, die Überschreitung der Grenzen selbst in Europa erstmals seit dem Zweiten Weltkrieg untersagt. Dies traf auf eine seit langem zu erkennende und diskutierte Verfallstendenz der Innenstädte, geprägt durch reduzierte Aufenthaltsqualität, geringere Konsumdichte, ins Digitale verlagerte Interaktion und Kommunikation, aber auch Konsumwahl. Doch dieser Trend birgt für sich genommen keine grundsätzliche Absage an die Stadt und urbanes Leben, sondern ist Ausdruck einer fortschreitenden Differenzierung in *Megacities* (in diese Kategorie gehören Städte, die mehr als 10 Millionen Einwohner zählen, wie etwa Tokio, New-Delhi, Shanghai, Moskau oder auch Paris), *Superstar Cities* (die vor allem durch eine überdurchschnittliche Steigerung der Grundstückspreise, damit der Einkommen und dahinter der wichtigen, aber knappen Kompetenzen geprägt sind[10]) und Großstädte als Ober- und Mittelzentren einerseits und Stadttypen unterschiedlicher Lifestylekategorisierung (etwa Kultur, Wissenschaft, Sport, Konsum, Gesundheit, Start-up-Szene) andererseits. Wir kommen auf die Agglomerationstypen im nächsten Abschnitt zurück.

Städte zeigen sich als Orte, an denen fortlaufend aus der Unterschiedlichkeit ihrer Bewohner und Zustände aufgrund der größeren oder großen Anzahl sowie der Mobilität in und aus allen Richtungen besondere Reibungen resultieren, Energie für jede Lebensform entsteht und diverse Milieus aufblühen. Je bunter, vielgestaltiger, aber auch enger Städte in den verschiedenen lebensweltlichen Ausprägungen sind, desto größer Latenz, Dynamik, Energie und Diversität. Dabei wirkt sich aus, wie die Städte vernetzt und wie sie in ihr Umland eingebettet sind. Letztlich funktionieren Gesellschaft, Politik und Wirtschaft nur dauerhaft ihrer Funktion gemäß, wenn Städte keine isolierten Agglomerationen, sondern miteinander verbunden sind und mit den ländlichen Räumen in Beziehung stehen. Städte sind die Ankerpunkte nationaler und transnationaler Netze, sie bilden die Zentren der sie umgebenden Regionen. Politisches Handeln findet in Städten statt, dort sitzen die Verfassungsorgane, die Verwaltungen und Institutionen der Rechtsordnung, dort bilden sich die relevanten zivilgesellschaftlichen Strukturen.

Die nach dem Brexit-Votum und der Wahl von Donald Trump im Jahr 2016 oft mit Erstaunen zur Kenntnis genommene Spannung zwischen dynamischer Urbanität und abgehängt erscheinenden peripheren Räumen resultiert daraus, dass es sowohl im Vereinigten Königreich als auch in den USA keinen angemessenen Austausch zwischen den unterschiedlichen Lebenswelten in Stadt und Land gibt.

Eine systematische Verbindung innerhalb der Raumstrukturen ist die eigentliche Herausforderung. Es war der Ökonom Johann Heinrich Thünen, der bereits 1826 mit seinem Modell der Ringe eine räumliche Struktur aus städtischen Zentren und landwirtschaftlicher Bodennutzung in Abhängigkeit von den Transportkosten skizziert hat. Auch wenn sich durch die Entwicklung der Infrastrukturen und durch technische Innovationen die konkreten räumlichen Spezialisierungsmuster und deren Treiber geändert haben, so bleibt doch seine Grundidee der Einheit im Raum gültig. Die damit verbundene räumliche Arbeitsteilung beruht elementar darauf, dass es nicht zu einer Separierung und Vereinzelung der Teilräume kommt, sondern dass immer raumübergreifende wirtschaftliche Verbindungen wirken.

Bei dieser Sichtweise gewinnen Städte zwar einerseits eine herausragende Bedeutung für die Dynamik in den Makrosystemen, andererseits kann diese ohne einen umfassenden Raumbezug nicht stabil entwickelt werden. Dabei ist theoretisch nicht präzise zu beschreiben, ab wann die Spannungen aus einer räumlichen Separierung und Segregation funktionale Störungen in Politik, Gesellschaft oder Wirtschaft – den Makrosystemen – verursachen. Das hängt an der in der jeweiligen Gesellschaft akzeptierten Ungleichheit der Lebensbedingungen im Raum, an den etablierten regionalpolitischen Strategien und an den wirksamen Verfassungsordnungen für die Einbindung regionaler Präferenzen. Doch eines ist klar: Die Bedeutung der Verstädterung und der Urbanisierung, die mit der Industrialisierung seit zwei Jahrhunderten im transatlantischen Westen einhergingen, war elementar notwendig für diesen Modernisierungsprozess. Hinreichend wird die Modernisierungsleistung erst dann, wenn die Städte als Agglomerationen in Raumstrukturen vernetzt wirken können. Dann werden sie aus Laboratorien, in denen versucht und geirrt wird, zu Maschinenräumen der Moderne, in denen vernetzt und gehandelt wird und die weit über ihre eigenen Grenzen hinauswirken.

Verstädterung und Urbanisierung hatten über diese lebensnahe Modernisierung hinaus einen weiteren Effekt: Urbanes Leben wurde zum international relevanten Standard für Fortschritt, es konstituierte sich eine Welt der Städte, ein Netzwerk der politischen, kulturellen und intellektuellen Bezüge.[11] Die Stadt als Welt im Konkreten und Kleinen führte den Menschen etwas vor Augen, das aus der Sicht der Agrargesellschaft nicht zu erspüren und zu erleben war, nämlich kollektive Verdichtung, umfassende Zusammenhänge sowie wechselseitige Abhängigkeiten. Der städtisch-urbane Rahmen mit seinen kommunikativen Austauschformen konnte zugleich der Nährboden einer begrifflichen Modernisierung sein, der sich in der »Sattelzeit« – jener revolutionären Epoche von 1750 bis 1850 – vollzog und erstmals die heute selbstverständlichen Konzepte wie Gesellschaft, Volkswirtschaft, Staat und Nation als Kollektivsingulare ausprägte. Der Begriff Fortschritt entstand ebenfalls in dieser Zeit und markierte in besonderer Weise die Selbstermächtigung des Menschen – nämlich jenseits christlicher Vorbestimmung und voraufklärerischer Fremdbestimmung die Idee, dass ein *Vita activa*, ein tätiges Leben (Hannah Arendt), die Chance eröffnet, aus eigenen Überlegungen und Anstrengungen der Lebensgeschichte eine Wendung und eine Richtung zu geben.

Mit dem begriffsgeschichtlichen Wandel hin zum Kollektivsingular Geschichte entstand die Möglichkeit, »vergangene Wirklichkeiten als einen prinzipiell erforschbaren, diesseitigen Gesamtzusammenhang von Ursachen, Handlungen und Wirkungen zu denken«.[12] Das bedeutet aber nichts anderes als die Möglichkeit, Gegenwart und Zukunft als Zeiträume von der Vergangenheit kollektiv, also gesellschaftlich zu unterscheiden und zugleich eine Perspektive der Kontinuität hin zum Gemeinsamen der Gegenwart zu erkennen und zu beschreiben. Dabei wurden die Vorstellung und das Bewusstsein durch Angebote kollektiver Identität – die Geschichte der Nation, Kultur und Sprache – orientiert, die nicht mehr als unterhaltsame Erzählung daherkamen, sondern als Ergebnis reflektierter Deutung der Gegenwart. Das konnte der Selbstvergewisserung der Öffentlichkeit dienen: die Geschichte als öffentliche Schule.[13]

Diese kollektiv gedeutete Geschichte wurde insbesondere in Städten erfahren, dokumentiert und vermittelt. Denn in den Städten, vor allem den Großstädten, versammelte sich die Gesellschaft und es bildeten sich die gesellschaftlich maßgebenden Normen heraus.[14] Dass dies kein geradliniger Prozess frei von Widersprüchen und Rückschlägen sein kann, ist leichthin verständlich, wenn man an die Wechselwirkung zwischen objektiver und subjektiver Wirklichkeit denkt, die sich gerade aus der Spannung zwischen kollektiver Identität und individuellem Bewusstsein ergibt.[15] Denn die Selbstermächtigung des Menschen trifft immer auf Widerstände, löst Rückkopplungen aus und verlangt vom Einzelnen eine entsprechende Steuerungsfähigkeit und Resilienz. Die vielfältige Bedeutung der Städte für die Prozesse der Modernisierung und das moderne, vielfältig vernetzte Leben wurde auf bittere Weise erfahrbar, als die russischen Angriffe im Krieg gegen die Ukraine vor allem auf die städtischen Zentren des Landes zielten und verheerende Verwüstungen anrichteten. Die Vernichtung der Städte kommt dem Versuch des Diktators Putin gleich, das ganze Land zu unterwerfen. Dieser Angriff gilt aber erklärtermaßen nicht ausschließlich den ukrainischen Städten, sondern dem westlichen Modell städtischer Liberalität und Offenheit. Dieser Krieg schafft für alle Bürgerinnen und Bürger in den westlichen Demokratien eine Grenzsituation mit existenzieller Dimension.

2. Die strukturelle Überforderung des Einzelnen in der Moderne

Die Möglichkeiten des Einzelnen sind eingebettet in die ihn umgebenden Systeme: (Zivil-)Gesellschaft, Wirtschaft und Politik (Staat). Nachhaltig kann die Selbstermächtigung des Menschen nur sein, wenn die Funktionsbedingungen dieser Systeme ernst genommen werden. Das betrifft die Haltung und Neigung der Menschen zu Kooperation und Konflikt, die Koordinierungsleistung des Wirtschaftssystems, die Integrationsleistung der Infrastrukturen und die Orientierungswirkung sowie Sanktionskraft der politischen Institutionen. Es betrifft vor allem aber die Bereitschaft des Einzelnen, die kollektiven Voraussetzungen der eigenen Identität zu erkennen, damit Gesellschaften nicht zu einer Ansammlung von Singularitäten (Andreas Reckwitz) – aus Individuen oder kleinen, vor allem selbstbezüglichen Gruppen singulärer Subjektivität – werden.[16] Städten kommt dafür trotz aller Überforderungen, die sie für den Einzelnen immer auch begründen, eine wichtige Funktion für die gesellschaftliche Konstruktion der alltäglichen Lebenswirklichkeit zu, weil sie die »breite Gegenwart« (Hans Ulrich Gumbrecht) latent anbieten und physisch dokumentieren, uns vor Augen führen und damit Wirkung entfalten.[17] Anders gewendet: In Städten entkommt man der »breiten Gegenwart« nicht so leicht.

Aus unterschiedlichen, historisch beschreibbaren Konstellationen haben sich immer wieder Phasen der Kritik, der Regression und der Ratlosigkeit in Bezug auf die Moderne und ihren Maschinenraum ergeben, die Versuche sowohl der individuellen als auch der kollektiven Selbstvergewisserung und Selbstbestimmung angeregt haben. Die zitierten begrifflichen Zuspitzungen zum Konzept der Moderne stehen dafür. Dabei geht die Diskussion in zwei Richtungen: eine fundamentalere Kritik der (»verrufenen«) Moderne (»Der Moderne ist kein guter Leumund beschieden«[18]), die auf eine inhärente Selbstzerstörung der Vernunft durch »frühneuzeitliche Sozialdisziplinierung« und »historische Zivilisationsverbrechen« reflektiert. Und eine strukturelle Kritik, welche die sich wandelnden funktionalen Bedingungen für die Selbstermächtigung des Menschen, für seine Steuerungs- und seine Verantwortungsfähigkeit adressiert.

Der Blick auf den zweiten Strang entspricht der thematischen Fokussierung dieses Buches. Er trägt aber auch der Tatsache Rechnung, dass die internationale Perspektive keineswegs zwangsläufig die Fundamentalkritik begründet.[19] Denkfiguren, die sich in erster Linie durch die Erfassung von dominanten Trends und Veränderungspfaden auf Perspektiven des großen Wandels in unserer Zeit beziehen, lassen erkennen, wo konkrete Handlungsnotwendigkeiten und wo größere Herausforderungen bestehen. Ein Ausflug in diese Debattenstränge macht die strukturellen Bedingungen der Moderne sichtbar, die ganz unabhängig von den aktuellen Schocks wirken.

Einen ersten Zugang liefert Charles Taylor mit seinem »Unbehagen an der Moderne« aus dem Jahr 1995.[20] Darin skizziert er drei zentral erscheinende »unbehagliche Eigenschaften der Moderne« oder – wie er schreibt – »Merkmale unserer heutigen Kultur und Gesellschaft, die trotz aller ›Entwicklungen‹ unserer Zivilisation als Verlust oder Niedergang erlebt werden«.[21]

Da ist zunächst der Individualismus, eine Entwicklung von hoher Ambiguität. Denn es ist unbestritten, dass die individuelle Freiheit bei der Wahl der Lebensmuster und der Ausgestaltung der Lebensführung sowie der Vorrang des eigenen Gewissens bei der Entscheidung über die leitenden Überzeugungen zentrale Errungenschaften der Moderne sind, wie sie sich seit den Revolutionen des späten 18. Jahrhunderts ausgeprägt haben. Zugleich gilt aber, dass die moderne Freiheit zwingend mit der Entwertung tradierter Ordnungsgefüge und der Lösung von älteren Moralhorizonten einherging. Die Entwertung und Diskreditierung der alten Ordnung ist vielfach als »Entzauberung der Welt« bezeichnet worden.[22] Die Ablösung von kollektiven Normsystemen führt dazu, dass der Einzelne jenseits formal definierter Regeln auf sich selbst verwiesen ist, dass ihm eine allgemeinere Zwecksetzung abhandengekommen ist, dass die Selbstermächtigung als Selbstbezogenheit unbestritten in den Mittelpunkt rückt und den Einzelnen zur Freiheit verdammt. In jüngster Zeit hat Andreas Reckwitz einen ähnlichen Gedanken in den Mittelpunkt struktureller Veränderung der »Spätmoderne« gestellt, indem er die Prämierung von Besonderheiten und Einzigartigkeiten – »soziale Logik der Singularisierung« – als dominierend sowie prägend identifiziert und von der »Gesellschaft der Singularitäten« spricht, die ebenso von einer »Krise des Allgemeinen« geprägt ist.[23]

Da ist sodann der Vorrang der instrumentellen Vernunft, d. h. der technisch-rationalen Vernunft im Sinne von Max Horkheimer.[24.] Auch diese Entwicklung habe – so Taylor – zwei Gesichter. Zum einen sei unbestritten, dass die permanente Suche nach Effizienzvorteilen und Kooperationserträgen zu einer gewaltigen und anhaltenden Besserung der materiellen Lebensbedingungen von immer mehr Men-

schen geführt hat. Zum anderen aber beanspruche die instrumentelle
Vernunft die Vorherrschaft in nahezu allen Lebensbereichen (Ökonomisierung) mit der Folge, dass der Mensch nicht mehr ganzheitlich
im Mittelpunkt steht, sondern sich verschiedener Herausforderungen
ausgesetzt sieht (Markt, Technik, Medizin u. a.).[25] Eine wichtige Konsequenz habe Hannah Arendt im Verweis auf die immer kürzere Lebensdauer der Gebrauchsgegenstände beschrieben: »Wirklichkeit und
Verlässlichkeit der Welt beruhen darauf, dass die uns umgebenden
Dinge eine größere Dauerhaftigkeit haben als die Tätigkeit, die sie
hervorbrachte, und dass diese Dauerhaftigkeit sogar das Leben ihrer
Erzeuger überdauern kann.«[26] Diese Dauerhaftigkeit – so Taylor – »ist
in der modernen Warenwelt mancher Bedrohung ausgesetzt«, weil
sich die instrumentelle Vernunft zum Selbstläufer ohne Bindung an
sinngebende Zwecke dynamisch ausbreitet.[27]

Da ist schließlich die politische Konsequenz des Individualismus
wie der instrumentellen Vernunft, die sich als Verlust an Freiheit
manifestiert. Wenn es attraktiver erscheint, sich in die Privatheit zu-
rückzuziehen und den Eintritt in den öffentlichen Raum zu scheuen,
und wenn es dadurch zu einer »Entfremdung von der öffentlichen
Sphäre« kommt, dann muss der Verlust an politischer Steuerung
durch staatliche Intervention kompensiert werden.[28] Das trifft sich
mit den Überlegungen von Colin Crouch, der mit dem Begriff der
»Postdemokratie« ebenfalls den Verlust des öffentlichen Raumes und
der gesellschaftlichen Bindung des Einzelnen adressiert.[29] Dabei argumentiert Crouch aber mit einer gegenläufigen Wirkungsrichtung:
Das politische Schauspiel aus Expertenkommissionen, Lobbygrup-
pen und Kommunikationsaktionen ermüde die Bürger, lasse diese
nur bei ganz starken Signalen noch reagieren und führe zu einer Art
Privatisierung.[30] Unter den Extrembedingungen der Pandemie hat
sich interessanterweise gezeigt, wie sehr die Gesellschaft dann auf
Expertenwissen hofft und dessen Anwendung durch die Politik er-
wartet – auch wenn die Entscheidungen in Hinterzimmern gesucht
und getroffen werden. Jedenfalls galt das für die meiste Zeit gezielter
Pandemiebekämpfung, bis unerfüllte Hoffnungen, unzureichendes

Erwartungsmanagement und mangelhafte Zielbestimmung zu einer allgemeinen Ermüdung und Gereiztheit führten.

Nahezu zeitgleich mit Charles Taylor entwickelt Anthony Giddens seine »Konsequenzen der Moderne«.[31] Er knüpft an das Konzept der Postmoderne an, das der französische Philosoph und Literaturtheoretiker Jean-François Lyotard bereits 1979 vorstellte.[32] Im Kern stand dabei die Einschätzung, dass die großen, überwölbenden Modernisierungserzählungen der Aufklärung, des Idealismus und des Historismus ihre Überzeugungs-, Legitimations- und Orientierungskraft verloren hätten. Folglich könne es kein Projekt der Moderne mehr geben, dem sich das gesellschaftliche Handeln unterzuordnen habe. Ideologisch verortete Handlungsprogramme mit einem umfassenden Versprechen individueller Sorglosigkeit im Zeichen des Wohlfahrtsstaates und der wirtschaftspolitischen staatlichen Steuerung im Sinne des Keynesianismus seien an das Ende ihrer Wirkmacht gekommen.

Giddens bewertet die in dem Verlust systematischen Wissens über die Organisation der kleinräumigen Gesellschaft angelegte Orientierungslosigkeit vor allem als Ausdruck »der vielfach empfundenen Ahnung [...], wir seien Gefangene einer Welt von Ereignissen, die wir nicht zur Gänze verstehen und die sich weitgehend unserer Kontrolle entzieht«.[33] Die Moderne habe Diskontinuitäten verursacht, und zwar durch die Geschwindigkeit des Wandels sozialer Ordnungen und Systeme, durch die geografische Reichweite des Wandels sozialer Umgestaltung und durch die Schaffung gänzlich neuer, nichttraditionaler Institutionen. »Die Moderne ist in ihrem inneren Wesen auf Globalisierung angelegt«, mit der Konsequenz neuer Formen globaler Interdependenz und damit Komplexität. Dafür greifen nach Giddens drei Trends ineinander: die Trennung von Raum und Zeit, die Schaffung von überlokalen sozialen Strukturen der Einbettung sowie die Erzeugung reflexiven Wissens über das gesellschaftliche und soziale Leben. Moderne Gesellschaften globalisieren sich und entwickeln dabei die Kraft der Reflexion über sich selbst; das schafft die Chance auf eine neue Art der Bindung und der Orientierung. Insofern »bringt die

Moderne die Institutionalisierung des Zweifels mit sich«, man möchte hinzufügen: auch gegen sich selbst.

Die Wechselbeziehung von Raum und Zeit wird deshalb nicht mehr durch die geschichtliche Werdung, die historischen Pfade, bestimmt, sondern durch eine endlose Offenheit. Anders gewendet: Die Menschen sind darauf angewiesen, in anderer Weise die lokalen Bedingungen und Ausstattungsmerkmale des konkreten Lebens in dieser »endlosen Offenheit« oder ganzen »Breite« gestaltbar und beherrschbar zu halten. Die von Giddens diagnostizierte Zirkularität entwertet den Fortschrittsbegriff und unterschätzt dabei die Bedeutung von Identität und Heimat. So schien es am Ende des 20. Jahrhunderts plausibel, weil Technologien und darauf beruhende Instrumente zur Beherrschung des täglichen Lebens in einer komplexer werdenden Lebensumwelt fehlten. Neue Wege der Beherrschung schienen in der analogen Welt nicht in Sicht.

Ähnlich bildet sich diese Vorausschau aus der Moderne in die nachfolgende Phase bei Zygmunt Bauman in seiner Schrift »Flüchtige Moderne« aus dem Jahr 2000 ab:[34] »Die heutige Situation ist die Folge der radikalen Demontage aller sozialen Verbindungsglieder, von denen man, ob zu Recht oder Unrecht, annahm, dass sie die Wahl- und Handlungsfreiheit der Menschen einschränkten. *Diese rigide Ordnung ist ein Artefakt, sie ist die Folge und das Ergebnis der* menschlichen *Handlungsfreiheit.* [...] Neue Gesellschaftsentwürfe stehen zurzeit nicht hoch im Kurs – zumindest nicht dort, wo man politisches Handeln vermuten würde. Das Einschmelzen bestehender Verhältnisse, jene herausragende Leistung der Moderne, hat heute eine neue Bedeutung angenommen, die Verflüssigungswut hat ihre Zielrichtung und ihr Objekt geändert – eingedampft werden heute jene Kräfte, die versuchen, die Frage nach einer anderen Ordnung auf der politischen Tagesordnung zu halten.«[35]

Die Absolutheit der Veränderungen führt dazu, dass wir Menschen in der Moderne die Individualität und Privatheit als zentrales Maß in den Vordergrund stellen können, mit der Folge, dass wir »das soziale Gewebe in Heimarbeit und in eigener Verantwortung selbst herstellen (müssen), jeder für sich«; Bauman adressiert damit genauso wie Giddens die Moderne als Entflechtung von Raum und Zeit mit all ihren Eigenarten und Konsequenzen. »Damit ist die Macht in jeder Hinsicht *exterritorial* geworden«.[36] Die Flüchtigkeit der Moderne mutiert zur Flüchtigkeit der Biografien und der Identitäten, die dadurch systematisch brüchig, vorläufig und konstitutiv unsicher werden. Gesellschaftliche Perspektiven aufgrund gemeinsamer Interessen entstehen gerade aus dieser Flüchtigkeit, indem im Miteinander um die Werte des Lebens sowie das organisatorische Konstrukt des im Inneren wie Äußeren sicheren Staates gerungen werden muss. Diese Werte sind nicht mehr a priori gegeben, sondern können in unserer Zeit nur durch gemeinsame Diskursarbeit angemessen ermittelt werden. Die Suche nach neuer Entlastung des Einzelnen in der flüchtigen Moderne generiert Sicherheitsbedarfe, die nur kollektiv zu beantworten sind. Hier liegt die Chance, der sozialen Unordnung beizukommen. Selbst in einer Gesellschaft der Singularitäten besteht offenbar ein hohes Schutzbedürfnis, das eine kollektive Identität zu erfüllen vermag.

Bindet man die drei Sichtweisen zusammen und destilliert man daraus Entwicklungstrends moderner Gesellschaften, so führen diese allesamt in eine Richtung: die Überlastung des Individuums durch sich selbst in einer Welt der Freiheit. Denn der aus Rationalisierung und instrumenteller Vernunft folgende Vorrang für die Entfaltung des Einzelnen in seinen Wünschen – bei umfassender Sicherung seiner Privatheit – erfordert eine fortlaufende Besserung der materiellen Lebensgrundlagen, die als Ökonomisierung und »Singularisierung des Sozialen«[37] zwanghaft wird und Komplexität begründet. Zugleich entkoppelt sie den Einzelnen von den traditionellen Pfaden sozialer Wirklichkeit und demontiert gesellschaftliche Verbindungsglieder, weil Präsenz im öffentlichen Raum weniger dringlich ist, die gesamthafte Wahrnehmung anderer unterbleibt und das verbindende direkte Gespräch seltener wird. Die Herausbildung von akzeptierten Üblichkeiten, gemeinsamen Verhaltensmustern und alltäglichen Werten wird dadurch erschwert. Das wird nicht dadurch geheilt, dass »wir mehr Gelegenheit haben miteinander zu kommunizieren als je zuvor in der Geschichte des homo sapiens«.[38] Möglicherweise ist gerade die dezentrale Unordnung der digitalisierten Medienlandschaft, in der keine Standards mehr wirken, ursächlich für die zunehmend beobachtbare Orientierungslosigkeit.

Die Trennung von Raum und Zeit in den Maschinenräumen der Moderne schafft enorme Möglichkeiten der Vernetzung und der kulturellen Konfrontation, sie begründet aber ebenso Verständnisprobleme über eine immer diversere Welt und verursacht Kontrollsorgen sowie Steuerungsversagen. Die Undurchsichtigkeit und die Uneindeutigkeit der konkreten lebensweltlichen Bedingungen fordern den Einzelnen zu Grenzreaktionen heraus; sei es als unrealistische Ablehnung intransparenter Fernbeeinflussung durch die globale Wissens-, Arbeits- und Risikoteilung, sei es als ebenso unrealistischer Versuch der Absolutsetzung eigener Präferenzen und Ansprüche. Die Überbetonung der Individualität in ihrer Privatheit führt wegen der Abkopplung von tradierten Normen, Handlungsorientierungen und öffentlichen Räumen zu einer Überlastung; »radikale Demontage aller sozialen Verbindungsglieder« heißt es bei Zygmunt Bauman. Die digitale Welt wirkt daran mit, in der sie durch die Null-Grenzkosten der Speicherung in einer Cloud der Aufbewahrung der eigenen Identitätsspuren kein Limit setzt und dadurch den Einzelnen von der Auswahl entlastet, zugleich aber infolge der Null-Grenzkosten der Vernetzung jedes private Dokument öffentlich machen lässt. Die Likes auf Instagram & Co. ersetzen die eigene Wahl durch die vermeintliche Sympathie der unbekannten Masse, mit verheerenden Folgen eines Kontrollverlusts über das eigene Leben, wenn die daher resultierenden Bewertungen unkritisch akzeptiert und verhaltensleitend werden.

Aus diesen Entwicklungen ergeben sich strukturelle Fragen an die künftige Ausgestaltung gesellschaftlicher Realitäten. Die Moderne als Prozess der bürgerlichen Selbstermächtigung des Menschen trägt zugleich – so wird immer deutlicher – ein beachtliches Rückschlagpotenzial in sich. Erlebten die Menschen die vormoderne, agrarische Welt jenseits der religiös definierten Vorbestimmung und Orientierung als überschaubar und transparent, jedenfalls als klaglos hinnehmbar,[39] so wirkt die städtische Moderne zunehmend als unübersichtlich und intransparent; die Selbstermächtigung als soziales und weltweites Phänomen begründet – zumal über die Echtzeitkommunikation – Fern- und Fremdbeeinflussungen. Der Einzelne ist nicht nur in viel höherem Maße als seine Vorfahren der agrarisch geprägten Welt selbststeuerungsfähig, sondern alltäglich durch sozial kodierte Zustimmungen bedingt, die er selbst allenfalls minimal beeinflussen und mitgestalten kann. Er läuft immer hinterher, weil die instrumentelle Vernunft über die Technisierung und Ökonomisierung der Welt deren Vernetzung intensiviert, deren Wandel in gegenseitiger Abhängigkeit beschleunigt und Verantwortungsgrenzen verwischt.

Das erklärt, warum die Moderne zugleich eine Herausbildung kollektiven Bewusstseins begründete, das als säkularisierte Vorstellung den Verlust an religiös gesicherten Erwartungsräumen kompensiert.[40] Heute greift die Suche nach Identität sehr viel weiter, weil die kollektiven Bindungen in der Globalisierung – vor allem infolge der Migration und der damit verbundenen Tendenz zur multikulturellen Gesellschaft – ebenfalls an Kraft verloren haben; Identität wird deshalb einerseits individualisiert, andererseits aber mit dem Wunsch nach Anerkennung gesellschaftlich als relevant eingestuft.[41] Identitätsansprüche bleiben nicht privat oder auf den Lebensnahraum begrenzt, sondern werden öffentlich gemacht und lösen damit einen Wettbewerb um Repräsentation und Vermittlung aus, der weit über die Verwirklichung von Grundrechten hinausgeht. Diesen Wettbewerb können die traditionellen Systeme der politischen Aufnahme und Repräsentation – Parteien und Medien – immer weniger reflektieren. Was als Krise der Repräsentation wirkt, das kann nicht durch die Vielgestaltigkeit heutiger Kommunikation (»Hyperkommunikation«) geheilt werden: »Wir sind umgeben von einem allumfassenden Repertoire aus Zeichen und Strukturen, die emblematisch für eine Welt geworden sind, die ihre Leerstellen mit technologieinduzierten Kommunikationsmöglichkeiten ausgefüllt hat, und diese Konfiguration scheint mir als ein ziemlich befremdliches Symbol für Einsamkeit und Isolation.«[42]

Die Krise der Repräsentation trifft sich mit der Krise der Verantwortung. Beides erscheint widersprüchlich. Denn noch nie war so
sehr die Repräsentation unterschiedlichster Lebensformen möglich
wie zugleich überfordernd in der praktischen Vermittlung. Und noch
nie war Verantwortung datenbasiert so umfassend nachzuzeichnen wie
zugleich rechtlich und sozial intransparent in der Zurechnung. Man
kann sich heute medial barrierefrei präsentieren wie keine frühere
Generation, und dennoch stellen wir fest, dass soziale Gruppen oder
lokale Identitäten sich in der politischen Auseinandersetzung weder
repräsentiert noch gewürdigt finden. Die politische Diskurslogik gibt
unter der Überschrift der Diversität vielen Minderheiten Raum und
Würdigung – das ist gut und richtig, ein wichtiger Fortschritt gesellschaftlicher Öffnung. Doch gleichermaßen ist festzustellen, dass Teile
der Mehrheitsgesellschaft ihre Anliegen und Haltungen unzureichend
oder gar nicht repräsentiert finden. Zugleich beobachten wir die
Spannung zwischen in der digitalen Welt empirisch grundsätzlich er-
leichterter Verantwortungsidentifikation, aber zugleich ebenso großen
Möglichkeiten der Verantwortungsverwischung. Beide Krisen verstär-
ken sich gegenseitig.

In der Lebensrealität der Städte liegt durch die Nähe im Alltag eine
große Chance, diesen beiden Krisen entgegenzuwirken. Dort erleben
Menschen eine Verdichtung des Lebens, die offenkundig unverändert
attraktiv ist, wie es die Migration in Städte weltweit und die Attraktivität speziell der Metropolen sowie *Superstar Cities* beweisen. Städte
vermitteln in ihrer Diversität und Dichte, ihrer kulturellen Vielfalt und
sozialen Gliederung, in ihrer ökonomischen Potenz und politischen
Kreativität die moderne Welt (»unsere breite Gegenwart«) scheinbar
voraussetzungslos. Bleibt die Stadt aber auch nach der digitalen Transformation – zumal nach den Erfahrungen der Privatisierung in der
Pandemie – der Maschinenraum der Moderne, als der Ort der Grenzsituation für den Einzelnen wie die Gesellschaft, an dem die Widersprüche zu spüren, zu realisieren und damit überhaupt zu bewältigen sind?

Die Krise der Moderne im skizzierten Sinne stellt die Frage, welche
Rolle Städte künftig in der Postmoderne spielen können und sollen.

Vor allem aber drängt sich die Überlegung auf, ob Städte überhaupt noch isoliert gedacht werden können, ob Verstädterung und Urbanisierung als seit zwei Jahrhunderten unaufhaltsame Treiber und Merkmale der Modernisierung so eine Zukunft haben. Sind nicht vielmehr (globale oder regionale) Netze von Städten sowie die Verbindung mit dem Umland als Kompensationsangebot die notwendigen Akzentverschiebungen dieser Entwicklung?

- Wie sonst kann dem Einzelnen in seiner Freiheit zugleich Sicherheit – im Sinne von Stabilität der elementaren Lebensbedingungen und ihrer gesellschaftlichen Einbettung – glaubwürdig gewährleistet werden? Dabei geht es um eine basale Verlässlichkeit des öffentlichen Raums, um jene von Hannah Arendt reklamierte relative Dauerhaftigkeit unter den Bedingungen der staatlichen Ordnung realistisch und erlebbar zu machen.[43]

- Wie sonst soll die Steuerung der im ökonomischen Strukturwandel immer komplexer werdenden realen Welt möglich werden? Derzeit äußert sich dies in den westlichen Demokratien in der Form, dass ein funktionsfähiger, sichtbarer Staat wieder eine deutlich größere Bedeutung erlangt als in den drei Dekaden davor.[44] Zwischen absoluten Sicherheitsansprüchen und innovationsfreudiger Agilität ist auf neue Weise ein Gleichgewicht zu finden.

- Wo sonst kann die Privatheit besser und akzeptierter eine Öffentlichkeit ertragen als im konkreten regionalen Umfeld? Die Angebote des Staates vor Ort eröffnen die Chance für den Einzelnen, in der Unübersichtlichkeit der Gegenwart zu bestehen. Es geht um die Herausforderung, Ordnung im Raum flexibel genug zu schaffen, um der Kraft für Neues – dem innovationssprühenden Vulkan städtischer Verdichtung – hinreichend viele Optionen zu eröffnen.

*Das Grundmuster von Kern und Rand bleibt – trotz aller
geographischen Besonderheiten und aller historischen Prägungen –
als allgemeines räumliches Ordnungsprinzip in der Weltwirtschaft
erkennbar. […] Wenn jetzt von Aufholprozessen die Rede ist, so drängt
sich immer stärker die Frage nach dem evolutionären Charakter
der Kern-Rand-Beziehung in der spontanen Ordnung auf.*

Herbert Giersch, Wirtschaft und Moral im Raum, 1995

III. STÄDTE: ORDNUNG IM RAUM UND LEBEN AM VULKAN

Der Wandel zur Moderne, der sich über Städte und urbanes Leben vollzog, beruht – wie skizziert – auf institutionell-technischen Entwicklungen. Am prägendsten wird unverändert die Industrialisierung bewertet, wodurch produktivitätsgetragen das Pro-Kopf-Einkommen trendmäßig und dauerhaft gesteigert werden konnte.[1] Auch das Bevölkerungswachstum in Deutschland war eindrucksvoll: Lebten um 1800 nur 43 Menschen pro Quadratkilometer, so waren es 1914 bereits drei Mal so viele; die Reallöhne von Gesellen und Arbeitern verdoppelten sich im gleichen Zeitraum.[2] Das schuf neue Perspektiven und Handlungsmöglichkeiten, es verlangte aber zu seiner Stabilisierung ebenso eine Begleitung durch öffentliche Infrastrukturinvestitionen (z. B. Wasser, Abwasser, Energie, Eisenbahnbau), rechtliche Klärungen und Normierungen (etwa in Form des Gesetzes zur Abänderung der Gewerbeordnung vom 26. Juli 1897) sowie eine Ordnung im Raum für das Miteinander von urbanen Zentren und peripheren Räumen.

So entstanden die Voraussetzungen gesellschaftlich gerahmter Lebenswirklichkeit für den Einzelnen: die Gestaltung von Staatlichkeit, die Entwicklung der Infrastrukturen sowie die Trennung von Privatheit und Öffentlichkeit in der Modernisierung seit der Epoche 1750 bis 1850. Zentrale Voraussetzungen und Bedingungen der individuellen Freiheits- und Verantwortungsfähigkeit sind vom

Staat zu erfüllen und zu beachten. Die bürgerliche Selbstermächtigung des Menschen beruht auf den neuen Perspektiven und Denkmöglichkeiten der Reformation und der Aufklärung, doch wirklich nutzbar, entwickelbar und skalierbar wird dieses Potenzial erst durch die institutionelle Einbettung in Städte und durch die technischen Möglichkeiten der Integration sowie der Verbindung unterschiedlicher individueller Lebensentwürfe. Zugleich entsteht dadurch in der Moderne eine räumliche Struktur des gesellschaftlichen Lebens und der wirtschaftlichen Arbeitsteilung sowie eine Integration, die breiter und tiefer verankert als je zuvor Innovationskraft entfaltet. Die daraus folgende Veränderungsdynamik begünstigt jene Trends, die der Moderne endogen zusetzen.

1. Infrastruktur, Daseinsvorsorge und Freiheitszwänge

Die Ermöglichung einer angemessenen Ausstattung mit Ressourcen in Form von Bildung, Gesundheit, Zeit und Vermögen ist dadurch ebenso angesprochen wie die institutionelle Entwicklung des öffentlichen Raums – in der Stadt, durch die Stadt, im Netzwerk der Städte, in der Beziehung von Stadt und Umland. Beispielhaft wird dies greifbar, wenn man die prägende Wirkung der sich ab der Mitte des 19. Jahrhunderts entwickelnden Infrastrukturnetze der Elektrizität (Beleuchtung), des Verkehrs (Eisenbahn), der Kommunikation (Verkabelung), des Handels sowie des Geld- und Finanzkreislaufs in der »Selbstinterpretation von Gesellschaften als Netzen« erkennt.[3] Einerseits entstehen so Räume gemeinschaftlicher Handlung und Wahrnehmung, andererseits Chancen unternehmerischer Arbeitsteilung und Netzwerkbildung. Dabei spiegeln sich diese Strukturen des Öffentlichen in einer klar definierten und abgrenzbaren Privatheit.

Städte sind Laboratorien für die Infrastrukturen und gewinnen so die Kraft als Maschinenräume der Moderne. Die Entstehung größerer

Städte und Metropolen war der baulich zeitgemäße Ausdruck repräsentativen Wohlgefühls von Nationen an der Fortschrittsgrenze. In den Städten musste und konnte ausprobiert und geprüft werden, was an Neuem technisch darstellbar war. Städte sind in ihrer Entwicklung geprägt von einer ständigen Balance zwischen den technischen Möglichkeiten und den sozialen Herausforderungen. Einerseits geht es darum, eine große Anzahl von Menschen in unterschiedlichsten Lebenssituationen handlungsfähig zu machen, deren Existenzen zu sichern sowie einigermaßen robust und konfliktfrei gesellschaftlich organisieren zu können. Andererseits geht es darum, die sich aus der Selbstermächtigung und der Selbstorganisation der Menschen in gesellschaftlicher, wirtschaftlicher, politischer, religiöser, kultureller und sportlicher Hinsicht ergebenden Optionen real werden zu lassen.

Städte sind Agglomerationen, die ihr Umland profilieren, sie sind Knoten der überregionalen Netze und sie bilden dadurch die Anker und die Systematik dafür, dass die sachlichen und räumlichen Unterschiede über Märkte ausgenutzt werden, um Vorteile zu erzielen und Angleichungen auszulösen (Arbitrage). Städte als Maschinenräume der Moderne machen einen Wirtschaftsraum dynamisch, eine Gesellschaft agil und einen Staat als Lebensraum attraktiv. Kurz: Sie machen den Unterschied, sie machen den Staat. Städte definieren Raumstrukturen, indem sie die Muster der Arbeits-, Wissens- und Risikoteilung definieren und steuern. Städte sind freilich in hohem Maße unterschiedlich, neben der Größe und Dichte vor allem hinsichtlich Tradition und Kultur, und sie können an Überfüllungskosten leiden, die den Agglomerationsvorteilen entgegenstehen. Ebenso finden wir Städte, die nachhaltig vom Strukturwandel gebeutelt sind und wenig Hoffnung auf grundlegende Besserung verheißen, jedenfalls nicht von Modernisierungsgewinnern bevölkert werden. Diese Heterogenität spiegelt sich dann ebenso in den ländlichen Räumen, je nach Vernetzung mit den prosperierenden oder stagnierenden Kommunen.

Und: Städte können das Land überfordern, wenn sie kulturell und soziostrukturell den Lebensrealitäten andernorts so weit davon-

eilen, dass eine Insellage entsteht und eine Orientierungsfunktion
für die ländlichen Räume unrealistisch wird.[4] Dann droht eine
Divergenz der realen Möglichkeiten statt deren Konvergenz. Der
Stadt-Land-Konflikt manifestiert sich dann weniger in den ökonomischen Daten, sondern vielmehr in der politischen Profilierung.
Wahlergebnisse verweisen darauf, dass im ländlichen Raum die Neigung grundsätzlich größer ist, für die zentralstaatliche Ebene eher
randständige Parteien oder Gruppierungen zu wählen. Es geht dem-
nach nicht nur um die faktische ökonomische Chancenverteilung
und den Zugang zu neuen Optionen sowie die Anerkennung einer
soziostrukturellen Unterschiedlichkeit zwischen Stadt und Land,
sondern ebenso um die politische Repräsentanz. In dynamischen
Zeiten infolge neuer Basisinnovationen und globaler Öffnung hat
der Stadt-Land-Konflikt erwartbar eine besondere Konjunktur.[5] In
extremer Weise eilen Städte den anderen Lebenswelten voran, wenn
dort die ökonomischen und sozialen Spannungen zu revolutionären
Eruptionen führen und das politische System umstürzen. Städte sind
die historischen Orte der Revolutionen, die nur dort ihren Ausgang
nehmen konnten.

Die Raumstruktur reflektiert eine historisch-politische Prägung
und den Leistungsanspruch des wirksamen Staates. Föderal entwickelte Gebietskörperschaften funktionieren anders als zentralistisch
geprägte, sodass Handlungsspielräume sowie Verantwortlichkeiten
auf unterschiedlichen Ebenen verankert sein können und damit
die Frage der Einheitlichkeit oder der Vergleichbarkeit der Lebensverhältnisse ebenso unterschiedliche Antworten erfährt. Prinzipiell
beruht moderne Staatlichkeit auf der Souveränität über das Hoheits-
gebiet (Grundsatz der Nichteinmischung in die inneren Angelegenheiten eines anderen Staates, Grundsatz der Gleichheit der Staaten im internationalen Recht unabhängig von Größe und innerer
Verfasstheit). Daraus ergibt sich seit der Industrialisierung infolge
des technischen Fortschritts sowie der Differenzierung der Wertschöpfungsketten ein stetig wachsender Bedarf, in diesem Raum
Netzinfrastrukturen zu organisieren. Dem wird je nach Deutung des

Konzepts einheitlicher Lebensverhältnisse Rechnung getragen, um fundamentale ökonomische Unterschiede im Inneren des Staatsgebietes so weit wie gewünscht ausgleichen, nur austarieren oder gar hinnehmen zu können. Das, was die Nation erst erlebbar macht, sind die nur in Grenzen unterschiedlichen Lebensbedingungen und die exklusiven Zugangsrechte zu öffentlichen Gütern. Und das wird in der Moderne infrastrukturell gesteuert, bestimmt durch das Rechtssystem und die politische Beteiligung.

Die gesellschaftlichen Differenzierungsprozesse der Modernisierung verlangen allein wegen der immer bedeutenderen Mobilität der Menschen einen Rahmen für die lokale und regionale Entwicklung auf Basis angemessen gestalteter öffentlicher Güter. Während die sich verstärkende Industrialisierung die Auswanderung aus Deutschland erst abbremste und dann im späteren 19. Jahrhundert zum Erliegen brachte, wurde die Binnenwanderung in die Städte dadurch in Gang gesetzt und befördert. »Man schätzt, dass in dem halben Jahrhundert vor 1914 fast jeder zweite Deutsche (32 Mio.!) an der Binnenwanderung in der einen oder anderen Form teilgenommen und den Wohnort gewechselt hat.«[6] Etwa 40 Prozent des Bevölkerungswachstums der Städte zwischen Reichsgründung und Erstem Weltkrieg ging auf Wanderung zurück; dazu kam die Bedeutung des Geburtenüberschusses in den Städten infolge verbesserter Hygiene und ausgebauter Infrastrukturen.

Die im 20. Jahrhundert entsprechend erweiterte staatliche Verantwortung für die Daseinsvorsorge[7] und die Entwicklung des Gewährleistungsstaates[8] trägt in sich die Zusage, diese im Staatsgebiet – als Vorleistung für privates Handeln – prinzipiell einheitlich, in akzeptierten regionalspezifischen Differenzierungen, verfügbar zu haben. In den 1990er-Jahren hat sich dafür die rechtliche Rahmung und infolgedessen die Umsetzung der Gewährleistungsaufgabe verändert; beispielhaft verbindet sich dies mit der Privatisierung der ehemaligen Staatsunternehmen im Bereich des Postwesens und der Telekommunikation (Art. 87f GG). Die Bereitstellung »flächendeckend angemessene[r] und ausreichende[r] Dienstleistungen« verlangt nun vom

Staat, einen Rechtsrahmen für Marktstrukturen zu schaffen.[9] Der Staat ist damit nur noch indirekt in der Erfüllungsverantwortung, aber er muss die Gewährleistungsstruktur für die gesellschaftliche Problemlösung sicherstellen.[10] Ungleichheit in einem Staat bei der Grundausstattung mit Infrastruktur ist nur unter der Berücksichtigung von Mindestausstattungen hinnehmbar. Das gilt umso mehr, je stärker öffentliche Infrastrukturen mit Netzwerkcharakter an Bedeutung gewinnen. Diese Angebote werden mit zunehmender räumlicher Integration auf eine höhere föderale Ebene übertragen.

Durch Netzwerkeffekte öffentlicher Leistungen entsteht der Bedarf, gemeinsame Standards zu definieren, um die Anschlussfähigkeit und Verknüpfbarkeit der Systeme zu sichern. Damit tritt neben das Argument zunehmender Skalenerträge typisch öffentlicher Leistungen als weiteres Argument das der Verbundeffekte, was für eine – ggfs. räumlich begrenzte oder gutsspezifische – Zentralisierung der Leistungsbereitstellung und dann deren Finanzierung spricht. Grundsätzlich ist die Verlässlichkeit des Rechts- und Leistungsstaats angesprochen, die sich daraus ergibt, dass die Regelanwendung und die Leistungszumessung (wie die Besteuerung) der Willkür enthoben sind und dies nicht dadurch in Zweifel gezogen wird, dass Einzel- oder Gruppeninteressen Einfluss gewinnen oder Unternehmensziele die staatliche Gewährleistungsverantwortung gefährden. Festzuhalten bleibt, dass die Entwicklung öffentlicher Infrastruktur als Netzwerk aus sich heraus eine Tendenz zur Standardisierung und Zentralisierung hervorbringt.

So entfaltet dieser reale Trend der Modernisierung eine kompensierende Wirkung zur Individualisierung. Die netzwerktechnischen Voraussetzungen heutiger Gesellschaften erzwingen quasi gemeinschaftliche Lösungen dort, wo Systeme aufeinandertreffen, Abhängigkeiten entstehen und Standards für das Schnittstellenmanagement definiert werden müssen: kurzum konsistente Infrastrukturen. Derartige Systeme werden erst dann als wirksam betrachtet, »wenn tendenziell eine Mehrheit an Menschen im Alltag auf entsprechende Einrichtungen tatsächlich zugreift. Damit macht nicht schon deren

Vorhandensein, sondern erst eine solche Nutzung diese Vorkehrungen zu Infrastrukturen.«[11] Die Moderne ist dadurch geprägt, dass Menschen, Güter, Dienstleistungen, Kapital und Ideen zunehmend mobil sind und zirkulieren. Die Entkopplung von Raum und Zeit hat umfassende technische Voraussetzungen, und zwar in den Bereichen Energie, Wasserversorgung und Wasserentsorgung, Müllbeseitigung, Verkehr, Nachrichtenübermittlung, Kommunikation, öffentliche Ordnung und Sicherheit. Es sind die »Lebensadern der Gemeinschaft« (van Laak).

Der staatliche Gewährleistungsauftrag bezieht sich auf die angemessene Bereitstellung im gesamten Staatsgebiet. Allerdings haben Infrastrukturen stets die Begleitwirkungen, den privaten Lebensbereich kontrollieren oder überwachen zu können. Strom- und Wasserverbrauch beispielsweise können dafür ebenso genutzt werden wie die Nachrichtenübermittlung. Im Laufe der Modernisierung im 19. Jahrhundert ließ sich an der Beleuchtung der Straßen und Plätze nicht nur eine Geschichte der Verstaatlichung zuvor privater Leistungsbereitstellung erkennen, sondern ebenso eine Geschichte der »Veröffentlichung des öffentlichen Raums«. Wer über die Beleuchtung entscheidet, der sichert die Nutzbarkeit der Straße. Das offeriert Möglichkeiten der Bewachung, der Kontrolle, der Sicherheitsgewährung, aber auch der Vereinheitlichung und Nivellierung. Dem kann man sich nur durch den Rückzug in die Privatheit und dann allenfalls partiell entziehen.

Tatsächlich sind »durch Daseinsvorsorge und Konsum [...] in (West-)Europa zumindest ansatzweise sozial nivellierte Mittelstandsgesellschaften entstanden. Doch wenn alle Bürger Zugang zu den zirkulativen Netzwerken besaßen, wo blieb dann das Bedürfnis nach individueller Distinktion? Hier lag ein gewisses Konfliktpotential.«[12] Die wechselseitigen, wenngleich anonymen Abhängigkeiten durch horizontale Infrastrukturen manifestieren sich nicht nur in dem Bezug von Vorleistungen für die individuelle Lebensgestaltung (aktive Daseinsvorsorge), sondern immer mehr in den Systemen der Entsorgung und der Kreislaufwirtschaft. Der Konflikt zwischen dem Staat und dem Gemeinwohl, wie er in den Infrastrukturen sichtbar wird, sowie den Wünschen nach Individualität und Schutz der Privatheit zeigt sich in den seit Jahrzehnten immer häufiger aufkeimenden Widerständen gegen neue Projekte oder den Ausbau bestehender Einrichtungen, selbst wenn diese zur Systemstabilisierung oder für die Klimaneutralität grundsätzlich unabdingbar sind.

Infrastrukturen werden meist erst bei erfahrener Funktionsuntüchtigkeit ins Bewusstsein gerückt, aber »die allermeisten Infrastrukturen (entziehen) sich unserer Aufmerksamkeit«. Denn Infrastrukturen müssen dauerhaft leistungsfähig sein für eine individuell stets nur punktuelle, jedenfalls zeitlich immer wieder befristete Nutzung. Gesellschaftlich relevant wird der längere Systemausfall, der die Lebensweise und die Interaktion einer nicht nur geringen Anzahl von Betroffenen infrage stellt. Qualitätsmängel der Wasserversorgung, Stromausfälle oder die ernsthafte Bedrohung der Cybersecurity von Institutionen (z. B. von Verwaltungen, Gerichten, Universitäten und Krankenhäusern) machen die Verwundbarkeit moderner, zirkulär vernetzter Gesellschaften deutlich. Die Ursachen können von höherer Gewalt (etwa Naturkatastrophen) über Unachtsamkeit bis zu terroristischen Attacken oder sogar kriegerischen Auseinandersetzungen reichen. Infrastrukturen erfordern deshalb Sicherheitsvorkehrungen in Form von technisch-institutionellen Standards, besonderen Verhaltensregeln sowie speziellen Sicherheitskräften. »Insgesamt gehört die unauflösbare Dialektik zwischen ermöglichender Freiheit und beschränkender Sicherheit zu den erstaunlichsten Facetten im Bereich der Infrastrukturen.«[13]

Unter einen von der heutigen Bevölkerung nicht erfahrenen oder kaum noch erinnerten Stress gerieten die Wärme- und Stromversorgung durch das Risiko einer Gasmangellage infolge des russischen Krieges gegen die Ukraine. Drohende Rationierungen und bereits extreme Preissteigerungen für Gas und auch Strom sind in den europäischen Volkswirtschaften eine besondere Erfahrung. Zwar mag sich manch einer an die vor dem Hintergrund der Ölkrise durch die Bundesregierung angeordneten autofreien Sonntage in den frühen 1970er-Jahren erinnern. Hintergrund war in diesem Fall die am 17. Oktober 1973, wenige Tage nach dem Jom-Kippur-Krieg, von der Organisation der Arabischen Erdölexportierenden Staaten (OPEC) beschlossene Anhebung der Listenpreise für Rohöl um 70 Prozent von drei auf rund fünf US-Dollar je Barrel, wofür monatsweise Kürzungen der Produktion beschlossen worden waren.

Mittels dieser künstlichen Verknappung wollten die arabischen Ölförderländer eine Räumung der durch Israel besetzten Gebiete in Ägypten und Jordanien erwirken und suchten zugleich ein Druckmittel, damit die USA und die europäischen Staaten ihre wohlwollende Haltung gegenüber Israel revidierten. Zusätzlich wirkten Angstkäufe und Versorgungsengpässe für weitere Preiseffekte. Ende Dezember 1973 wurden die Listenpreise nochmals drastisch heraufgesetzt, und zwar auf zwölf Dollar je Fass. Die Politik wusste sich nicht anders zu helfen, als Einsparungen zu verordnen. Daran gemessen ist die Drohkulisse einer Gasmangellage wegen der Netzgebundenheit dieses Mediums viel gravierender. Ein Wohlstandsverlust für die europäischen Staaten ist unvermeidlich, die Verteilungskonflikte drohen zu eskalieren. Putin trifft so in besonderer Weise die liberalen Demokratien des Westens: direkt über die Mangellage und den Preisschock, indirekt über die Forcierung gesellschaftlicher Konflikte.

Aus dieser Spannung entwickeln sich widersprüchliche Tendenzen. Denn je weiter die Arbeits-, Wissens- und Risikoteilung räumlich im Zuge der Modernisierung um sich gegriffen und die ökonomische Globalisierung vorangetrieben hat, desto relevanter werden sowohl die Verletzlichkeit der Netzwerke als auch die Notwendigkeit internationaler Standards. Putins Krieg ist eine Absage an jedwede Form der internationalen Standardisierung und Sicherheit; sein Ziel ist nicht zuletzt die Destabilisierung des Westens durch Unsicherheit und Volatilität. Der grundsätzliche Konflikt der Moderne wird so auf die Spitze getrieben: Die soziologisch für die Modernisierung von Wirtschaft und Gesellschaft als zentral identifizierte Auflösung des Zusammenhangs von Raum und Zeit sowie die Schaffung

überlokaler Strukturen wurden systematisch globalisiert, und sie
werden nun existenziell bedroht. Die Globalisierung geht einher
mit einem steigenden Bedarf an Standards für das Management
vielfältiger Schnittstellen in größer werdenden Wirtschafts- und
Handlungsräumen. Die grundsätzliche Herausforderung ergibt sich
einerseits aus dem Anspruch der als singulär empfundenen individuellen Identität auf spezifische Infrastrukturen. Damit aber geht
andererseits nicht die Bereitschaft einher, die für funktionierende
moderne Infrastrukturen erforderlichen objektiven gesellschaftlichen Standards zu akzeptieren. Dann hilft nicht einmal mehr der
Rückgriff auf analoge Routinen, weil deren Voraussetzungen dann
zugleich fehlen. Anspruch an und Bedingung der Infrastrukturen
passen nicht zusammen.

Der säkulare Prozess der Vernetzung steht somit unter dem
ständigen Risiko der Infragestellung, ein Risiko, das durch den Ukraine-Krieg aus der Latenz präsent geworden ist. Das forciert die
gesellschaftliche Suche nach Sicherheit, denn diese resultiert damit
nicht nur aus den Wahrnehmungen der Menschen über den Zerfall
der sozialen Ordnungen, sondern ebenso aus der Verwundbarkeit
der infrastrukturellen Bedingungen. Zugleich gilt, dass die Infrastrukturen wegen ihrer Langlebigkeit sowie pfaddefinierenden Kraft
zeitliche Epochen verbinden. Räume und Gesellschaften werden dadurch codiert; die zwischen den Menschen einerseits sowie zwischen
Menschen und Natur andererseits vermittelnden Netzwerke haben
die räumlichen und sozialen Verhältnisse nahezu global verändert.[14]
Es finden sich hier – ähnlich wie bei den in Kapitel II beschriebenen
gesellschaftlichen Trends – tiefgreifende Ambiguitäten, die unterschiedlich konfliktträchtig sind:

• der Widerspruch zwischen der umfassenden Vorleistungsfunk-
  tion der Infrastrukturen moderner Staaten für die Freiheit des
  Einzelnen – Zugewinn an Gestaltungsspielräumen – und dessen Überwältigung durch die Bindung an bestehende komplexe technische Systeme und die Abhängigkeit von diesen;

- der Widerspruch zwischen dem kollektiven Bedarf an öffentlicher Leistungserstellung und dem Wandel der individuellen Freiheit in eine sich abschottende Privatheit, anders gewendet: der Widerspruch zwischen individuellem Versorgungsanspruch und kollektiven Entsorgungsproblemen;

- der Widerspruch zwischen ermöglichter Globalität und dadurch zugleich erfahrener Unsicherheit sowie Instabilität in der konkreten lokalen Lebenswirklichkeit.

Die Auflösung dieser Widersprüche ist herausfordernd. Denn selbst wenn die gesellschaftlichen Trends der Moderne zur Individualisierung und Privatheit plausibel erscheinen, so führt doch nichts an der Einsicht vorbei, dass der Mensch trotz alledem ein soziales Wesen ist und sich national sowie transnational in gegenseitigen Abhängigkeiten bewegt. »Die Gesellschaft ist die Form des Zusammenlebens, in der die Abhängigkeit des Menschen von seinesgleichen um des Lebens selbst willen und nichts sonst zu öffentlicher Bedeutung gelangt, und wo infolgedessen die Tätigkeiten, die lediglich der Erhaltung des Lebens dienen, in der Öffentlichkeit nicht nur erscheinen, sondern die Physiognomie des öffentlichen Raums bestimmen dürfen.«[15] Diese Herausforderung für den Einzelnen – »um des Lebens selbst willen« – trifft sich mit Aspekten, die durch die philosophische Anthropologie thematisiert werden.

Die »exzentrische Positionalität« (Helmuth Plessner) des Menschen und seine Zwischenbefangenheit in dem Futteral seines Äußeren werden in unserer Zeit extremer Infrastrukturvernetzung und Infrastrukturbedrohung umso deutlicher.[16] Sein »Doppelgängertum« als Träger einer sozialen Rolle und als Distanzwahrer – gegenüber dem ihn potenziell überwältigenden Sozialen – lässt dem Menschen keinen Ausweg aus diesem Dilemma. So entstehen die genannten Widersprüche genau dort, wo die Unbestimmtheit und Zufälligkeit des Seins wirken. Wir Menschen müssen uns zur Welt hin öffnen und diese gesellschaftlich sowie kulturell gestalten, zugleich sind wir auf Schutz im öffentlichen Raum angewiesen, auf »umfängliche Öffentlichkeit, Wahrnehmung und Bezugnahme«. Dafür haben in der modernen Welt die Chancen und Optionen ebenso zugenommen wie die Gefährdungen, was ein permanentes Ringen um unsere »exzentrische Positionalität« verursacht.

Dieses Ringen wird zum gesellschaftlichen Phänomen, denn die Moderne verschafft dem Einzelnen kein Mehr an Sicherheit, sondern nur die Aussicht darauf, diese gemeinsam mit anderen zu erreichen, allerdings verbunden mit der Chance auf gemeinsamen Zusatzertrag durch Innovation. In der städtischen Dichte des Lebens entstehen grundsätzlich Spannung, Dynamik und der permanente Druck zur Veränderung; in den Städten der Moderne, die durch Infrastrukturen und Angebote der Daseinsvorsorge geprägt sind, findet dies in noch höherem Maße statt. Das ist der Ausgangspunkt für die ökonomische Analyse von Agglomerationseffekten sowie Dispersionseffekten und deren Bedeutung für die volkswirtschaftliche Entwicklung. Dabei greifen Fragen nach der Innovationskraft eines Landes mit solchen nach der räumlichen Struktur des Wirtschaftens ineinander.

2. Innovationskraft und Stadt-Land-Struktur

In der deutschen Debatte hat der Ökonom Herbert Giersch diese Fragen konzeptionell verknüpft und unter dem Begriff der Vulkantheorie zusammengeführt, die auf die innovative Kraft der Agglomeration für die sie umgebenden Räume reflektiert und dafür die Schumpeter'sche kreative Zerstörung in die Thünen'sche Raumvorstellung integriert.[17] Die wirtschaftliche Ordnung im Raum wird in der Tradition der Thünen'schen Ringe aus dem Miteinander von Zentrum und Peripherie, von Kern und Rand abgeleitet.[18] Dabei wird vereinfachend unterstellt, dass die Fläche homogen sei, für sich genommen keine Anreize für die wirtschaftliche Nutzung setze, sondern diese sich allein aus dem Zusammenspiel zentralörtlicher

Agglomeration mit zunehmender Entfernung der Peripherie ableiten. Das ist kein Nachteil für die darauf basierende Vulkantheorie,
weil die Abweichungen von der Homogenitätsannahme vielfältige
theoretische Erweiterungen eröffnen.

Das Zentrum war bei Thünen sowohl die Stadt im Umland als
auch ein Hof in der Gutswirtschaft, es greifen dieselben Argumente.
Die Stadt zeichnet sich durch einen Pool kollektiver Güter aus, die
als öffentliche Güter eine gemeinsame Bereitstellung oder als Allmen-
degüter eine gemeinsame Bewirtschaftung erfordern (mit der Gefahr,
dass aus Agglomerationseffekten Dispersionseffekte werden), die
sich erst durch die Fühlungs- respektive Wahrnehmungsdichte von
Menschen als wirksam und effizient erweist. Kosten des Transports,
der Kommunikation, der Aushandlung und der Koordination führen
dazu, dass bestimmte Leistungen nur in Städten angeboten werden.
Es geht um Verbundvorteile, die sich neben der Mobilisierung von
Finanzkapital und Kompetenzen vor allem aus der Kommunikation,
dem Wissensaustausch und der gesamthaften Wahrnehmung der anderen ergeben und als Humankapital sowie als Sozialkapital zu Buche
schlagen.

In den öffentlichen Räumen, die Städte konstituieren, bedarf es
zwingend eines *common sense of interest* (eines gemeinsamen Sinnes
für ein gemeinsames Interesse, David Hume). Denn: »Im Kontrast
zum dünn besiedelten Land erscheint die Stadt als die Stätte des in-
formellen gegenseitigen Lernens und Belehrens: Die Ballung selbst
wird zum tieferen Grund für die Ballung. Das ist kein unzulässiger
Zirkelschluss, sondern die Beschreibung eines kumulativen Prozesses:
Menschen, die miteinander kommunizieren, kommen nicht umhin,
voneinander zu lernen. [...] Das Kernstück der Urbanität ist somit
gleichsam das informelle Kollegium, das Seminar, das Symposium,
vielleicht sogar das Palaver auf dem Marktplatz.«[19] Das ist der Grund,
warum Städte im Trend und auf lange Sicht zumeist wachsen. Sie
können bieten, was der ländliche Raum nicht zu bieten hat: Skalen-
effekte und Investitionskapital, Verbundvorteile und Wissensnetz-
werke, Arbeitsmarkt- und Produktivitätspotenziale durch größere

Matchingchance zwischen Unternehmen und Beschäftigten.[20] Dies gilt als reales Angebot in der »breiten Gegenwart« (Gumbrecht) der Städte und als Potenzial mit Blick auf die Latenz von Vielfalt und Diversität.

Wie weit das Wachstum der Städte – und damit die Differenzierung zum ländlichen Raum – geht, hängt von technischen Gegebenheiten (Kommunikation, Transport, Verkehr, Energie …) ebenso ab wie von bewussten und unbewussten politischen Interventionen (steuerliche Regelungen wie die Pendlerpauschale, Bepreisung von Staukosten, Verkehrstarife …). Jedenfalls scheint das Muster von Kern und Rand für die räumliche Ordnung der Gesellschaft und der Wirtschaft auf robuste Weise prägend. Das entscheidende ökonomische Argument ergibt sich aus der Verbindung von Thünens Idee mit der Vorstellung von Joseph Schumpeter über das Wachstum durch die innovative Kraft der schöpferischen Zerstörung. Giersch hat den Kern – die Stadt – als »schöpferisches Team« identifiziert, das die Offenheit, die Fühlungsdichte und den Wettbewerb als »Brainstorming der Suchenden« in neue Ideen umsetzt, sodass die Stadt wie ein Vulkan wirkt, »der ständig, wenn auch nicht regelmäßig, neues Wissen ausspeit, ein technisches Wissen, das dann wie Lava den Berg hinabfließt, um in einem Prozess der schöpferischen Zerstörung bis zum Rand hin befruchtend zu wirken«.[21]

Die Vulkantheorie beruht nicht auf der statischen Vorstellung einer für immer gegebenen Stadt-Land-Struktur, dafür sind schon historische Events und Zufälligkeiten zu wirkungsmächtig. Besonders technische Innovationen können die Struktur grundsätzlich ändern. Diese Struktur ist differenziert durch die Ordnung der Zentren: globale Zentren, Hauptzentren, Zentren niederer Ordnung. Es ist eine differenzierte Struktur, die sich in den vergangenen zwei Jahrhunderten herausgebildet hat und offenbar bis heute – zur Erinnerung: die Hälfte der Weltbevölkerung lebt seit 2010 in Städten – attraktiv ist. Das Beziehungsgeflecht der Zentren unterschiedlicher Ordnung ergibt sich aus der tatsächlich heterogenen Fläche im Raum, aber ebenso aus Zufälligkeiten wie strategischen Optionen.

Eine dieser Optionen zeigte sich früh im Prozess der Modernisierung, als sich Metropolen als Leit- und Hauptstädte ihrer Gesellschaften und Nationen ausbildeten und für die erste Globalisierung
im 19. Jahrhundert eine besondere Rolle wahrnahmen. Diese zeigt
sich an der herausragenden Bedeutung der Weltausstellungen (zu-
erst 1851), die als Anspruch der westlichen Moderne auf universale
Gültigkeit zu werten waren und damit eine besondere Vernetzung
ermöglichten.[22] Dadurch fanden die urbanen Eliten ihren globalen
Resonanz- und Wirkungsraum, den sie als Avantgarde durch Stan-
dardisierungen und Konventionalisierungen in vielen Lebensbereichen prägten; die Metropolen waren die Hotspots der organisierten
Moderne, die Knoten in den Netzwerken der Migration und der
Wissensdiffusion. Diese Kraft hat sich über die ganze zweite Globalisierung (ab 1980) hinweg weiterentwickelt.[23] Die Metropolen sind
die Zentren oberster Ordnung, die Vulkane mit unglaublicher Reichweite, und zwar national wie global.

Wirtschaftshistorisch ist der Befund über die Rolle der Städte für
Innovationen und technischen Fortschritt nicht ohne Einschränkungen im Sinne der Ideen von Giersch zu beschreiben.[24] Denn Städte
hatten zwar den Vorteil der Dichte, doch in früheren Zeiten konnten Kartellierungen des Wirtschaftslebens mancher Innovation das
Leben schwer machen. Einerseits galt: »Urban areas, because of the
higher frequency of human interaction, were clearinghouses for ideas
and information, and so invention was facilitated further by the con-
tinuous interface of different types of knowledge. [...] Some cities
were thus the loci of technological progress during the industrial revolution, exhibiting many of the very externalities and economies
of agglomeration that modern growth theory associates with them.«
Andererseits galt ebenso: »All the same, it is not the city as a gene-
ric concept but *certain cities* that were able on the one hand to take
advantage of the economies of urbanization and on the other hand
to avoid the pitfalls and rigidities of the established urban centers.«[25]
Angesichts sich wandelnder Konstellationen erscheint der Streit mü-
ßig, ob die Überbevölkerung im ländlichen Raum die Menschen in

die Städte getrieben oder die Attraktivität der Städte die Menschen angezogen hat.[26] Was auch immer der erste Antrieb war: Die – erfolgreichen – Städte haben sich multidimensional entwickelt, so ihre Attraktivität gestärkt und Agglomeration ermöglicht.

Für den maßgeblichen volkswirtschaftlichen Beitrag der Städte gibt es spezifische Voraussetzungen. Dazu gehören kluge Regeln und Institutionen, Demokratie, liberale Offenheit und innovatives Glück. Städte können auch ihre Position als Agglomerationszentren gefährden, verlieren oder neu erringen. Der gesellschaftliche und ökonomische Aufstieg Kiews nach den Maidan-Protesten von November 2013 bis Februar 2014 ist in diesem Sinne zu würdigen: »How a city of conflict became a tech hotspot. […] This is a city on a dramatic upswing«.[27] Mittlerweile haben fast 5000 IT-Firmen ihren Sitz in der Ukraine, mehr als 300 000 IT-Spezialisten arbeiten dort, von denen rund 80 Prozent Englisch verstehen und sprechen. Die IT-Branche, die hauptsächlich in den Bereichen E-Commerce, Banking oder Fintech agiert, steht für mehr als vier Prozent des ukrainischen Bruttoinlandsprodukts, was dem Niveau von Deutschland oder Frankreich entspricht. »Kiev is also attracting a new generation of young artists. Across the city, decrepit or decaying Soviet-era buildings are being renovated – from the ›creative and cultural cluster‹ at Art-Zavod Platforma to the train hub-turned-coworking space Izolatsiya. […] The hipsters have taken over in a big way, helping establish Kiev as a Berlin of the east«.[28]

Von Moskau, das mit 12,5 Millionen Menschen rund vier Mal so viele Einwohner wie Kiew hat und wo rund 20 Prozent des russischen Bruttoinlandsprodukts erwirtschaftet werden, ist Vergleichbares nicht zu berichten, zumal nach dem 24. Februar 2022 und nochmals verstärkt nach der Mobilmachung im September 2022 ein massiver Braindrain aus Russland eingesetzt hat, der vor allem bei Hochqualifizierten aus urbanen Milieus zu verzeichnen ist. Die Divergenz beider Hauptstädte hinsichtlich der ökonomischen Bedeutung bestätigt die notwendigen Bedingungen für den Erfolg und ist zugleich Ausdruck der sie umgebenden unterschiedlichen politischen Bedingungen.

Die Vulkantheorie von Giersch findet ihre modelltheoretische Fortsetzung in der endogenen Wachstumstheorie, wonach Innovationsprozesse durch die Nachahmung von Basisneuerungen in die Breite getragen werden und so die Produktivität steigern.[29] Dahinter steht die Vorstellung dichter Kommunikation um den Innovationskern herum, ohne damit eine Theorie der räumlichen Wirkung zu verbinden. Dies leistete die Neue Wirtschaftsgeografie, die den Blick der Wachstumstheorie gleichermaßen für Konvergenz und Divergenz von Wirtschaftsräumen und damit für Agglomerationseffekte öffnete.[30]

Daraus lässt sich je nach Annahme über die Transportkosten die Ausbildung von Zentrum-Peripherie-Strukturen erklären. Die ökonomische Theorie – das sollte mit diesem Ausflug deutlich werden – hat sich, obgleich eher am Rande, immer auch der Frage gewidmet, wie räumliche Strukturen des Wirtschaftens zu erklären sind.[31] Spannenderweise zeigt sich selbst in der digitalen Welt des 21. Jahrhunderts mit ihrer technisch vollständig möglichen (räumlichen und zeitlichen) Entkopplung der Arbeits- und Wissensteilung vom realen menschlichen Miteinander, dass die Agglomerationseffekte weiterhin an konkrete Orte gebunden sind.

Die jüngere Forschung zeigt: »engineers and scientists are more creative in cities where they are surrounded by other engineers and scientists in the same field. [...] because engineers relocating from a minor to a major cluster of technology companies become significantly more productive, as measured by the number of subsequent research citations received.«[32] Der technologische Wandel der Digitalisierung beruht somit ebenso auf Agglomerationseffekten, zugleich aber definiert die Anfangsausstattung einer Kommune mit spezifischen Kompetenzen und Clustern (Ökosystemen) den Pfad ihrer nachfolgenden Innovationskraft und Einkommensdynamik (*Superstar Cities*).[33] In der Folge nehmen die regionalen (Einkommens- und Vermögens-)Disparitäten zu, große Städte können den Rang der obersten Zentralität verlieren, wenn es ihnen nicht gelingt, hochqualifizierten Arbeitskräften passende hochwertige Arbeitsplätze zu vermitteln; diese werden von *Superstar Cities* zu *Megacities* – allein als Ausdruck von Größe.[34]

Generell gibt es die Chance, Städte in ihrer globalen Bedeutung nach oben zu befördern, wenn gezielte Investitionen in das dafür erfolgskritische Humankapital geleistet werden; die Milliardeninvestition, die Apple 2021 für den Standort München (Informatiker, Programmierer) angekündigt hat, belegt dies und zeigt zugleich, dass Lohndifferentiale (Dispersionskräfte) das Spielfeld ändern können.[35] Die Milliardeninvestition von Ford am Standort Köln (ebenfalls 2021 angekündigt) beruht auf den im Vergleich herausragenden Wissensinfrastrukturen im regionalen Umfeld von 100 Kilometern.[36] Spannend erscheint die Ankündigung von Intel, eine 17 Milliarden Euro schwere Investition für Halbleiterproduktion in Magdeburg zu tätigen; ebenso die Mitteilung von Infineon über eine Fünf-Milliarden-Euro-Investition in Dresden für eine neue Chipfabrik.[37] Die vulkantheoretische Erwartung, dass eine Metropole wie Berlin sogar über nahräumige Effekte wie die knapp 40 Kilometer vom Zentrum entfernt liegende Tesla Gigafactory Berlin-Brandenburg (sechs Milliarden Euro) mit zunehmender Ausreifung immer weiter wirkt, scheint sich zu bestätigen.

Insofern ist die Bedeutung jüngerer Trends nicht so eindeutig für die Frage, ob und wie städtische Zentren ihre Kraft für Innovationen und Wachstum erhalten können: Wenn die Übernutzung der kommunalen Allmende in Städten, deren Organisierbarkeit, Sicherheit und Integrationskraft zunehmend zweifelhaft sind, spürbar wird, steht die Zukunft der Urbanisierung und der spannungsfreien Raumstruktur in Zweifel. Das lässt sich ebenso dann beobachten, wenn das Verhältnis von Infrastrukturqualität und Steuern im Wettbewerb der Standorte nicht mehr überzeugt. Entsprechend lässt sich in jüngster Zeit eine Verlagerung von Unternehmen aus dem übernutzten und teuren Silicon Valley in Kalifornien nach Texas erkennen, wo es keine *State Income Tax* gibt (Charles Schwab, Tesla, CBRE, Hewlett Packard Enterprise sind die bedeutendsten Namen). Erleichternd wirken dabei die nach der Pandemie selbstverständliche Nutzung digitaler Plattformen und die neue Bedeutung des Homeoffice respektive des mobilen Arbeitens.

Hinzu kommen die Auswirkungen der Digitalisierung, die durch verschiedene Optionen der von Raum und Zeit ungebundenen Interaktion bei weitgehender Anonymitätsgewährung geprägt wird. Aus dem Gaming, etwa über Massively Multiplier Online Games (MMO), sind wichtige Impulse für persistente, synchrone virtuelle Welten, deren Fortschreiten einzeln oder gleichzeitig von (teilweise Tausenden) Spielern geprägt wird, in Echtzeit in anderen Anwendungen entstanden: die Entwicklung des Metaverse.[38] Wenn Planungsobjekte und -prozesse, Labore, Showrooms u. a. über digitale Zwillinge nicht nur andere Verfahren ermöglichen, sondern virtuelle Welten mit entsprechender Kommunikation und Interaktion (*Extended Reality*) schaffen, dann stellt dies Fragen an die gesellschaftliche Wirklichkeit. Individuelle Avatare übernehmen enttarnungssicher die Funktion von Masken; Privatheit und öffentlicher Austausch sind effektiv separiert, aber zugleich wertlos, da nicht auf Wahrhaftigkeit zu prüfen. Wenn den Teilnehmern solcher Spiele bereits toxisches Verhalten attestiert wird, dann sind die gesellschaftlichen Folgen virtueller Welten evident.[39] Ob es dazu kommt, wird an der gesellschaftlichen Aufnahme- und Akzeptanzbereitschaft liegen. Man sollte sich davor hüten, eine einfache Fortschreibung der aktuell erkennbaren Dynamik zu unterstellen. Möglicherweise konzentriert sich diese Entwicklung auf die Welt der Wirtschaft, sodass anstatt eines universellen, konsum- oder lifestyleorientierten Metaverse das Industrial Metaverse im Mittelpunkt steht, mit interessanten Produktivitätshoffnungen für die Volkswirtschaft verbunden.

Die Raumüberwindung steht künftig unter anderen Bedingungen, so stellen bereits neue Arbeitsformen die räumliche Dichte – die Fühlungsvorteile der Agglomeration – in ihrer Bedeutung infrage. Der 3D-Druck (*Augmented Manufacturing*) führt dazu, dass die Transportkosten die Arbeitskostendifferentiale in diesen Produktionsbereichen dominieren und für sich genommen andere Raumstrukturen auslösen können. Der Mechanismus relativer Preise über

Standortbedingungen greift, wenngleich nicht kurzfristig und meist überlagert durch vielfältige politische – meist protektionistische – Interventionen (z. B. Europäisches Chip-Gesetz, US Chips Act, US Inflation Reduction Act), so doch grundsätzlich und auf längere Frist. Allerdings hat die Pandemiepolitik ja nicht nur die Innenstädte vom Sozialkonsum befreit und ihrer zentralörtlichen Funktion enthoben, sondern zudem Wissenscluster durch Heimarbeit real aufgelöst; räumliche Nähe und Dichte wurden durch eine cloudbasierte Konnektivität ersetzt. Das stellt Fragen neuer Qualität an die räumliche Struktur von Wirtschaft und Gesellschaft. Denn die Pandemie und der Lockdown haben zur Konsequenz, dass die Menschen als Beschäftigte, aber ebenso als Konsumenten und Kulturinteressierte Videotechniken benutzen mussten. Homeoffice wurde in vielen beruflichen Feldern anlass- und themenunabhängig zum Standard, egal wo und wann und mit wem. Sind die *Superstar Cities*, die mit der digitalen Transformation einhergingen, damit ein Auslaufmodell?[40]

Dabei sollte man nicht übersehen: Trotz alledem und selbst wenn man die Verstädterung in ihren ökologischen und sozialen Folgen – wofür es gute Gründe gibt – kritisch beurteilt, gilt doch, dass in Städten unverändert wirklich effizient gewirtschaftet, besonders dort der Ausgleich der Interessen erreicht und vor allem die Fernbeeinflussung globaler Art eingeordnet sowie kompensiert werden kann. Denn in den Städten bündelt sich die wirtschaftliche Kraft, findet sich die zivilgesellschaftliche Bindung, wirkt der kulturelle Ausgleich – und in Städten gibt es die infrastrukturellen Voraussetzungen effizienter Kooperation in der modernen Massengesellschaft. Städte sind materialisierte Öffentlichkeit und darüber nicht nur Ausdruck des demokratischen Selbstverständnisses, sondern dadurch in besonderer Weise globalisierungsfähig.

Nicht zuletzt deshalb sind Städte die Erstziele der Migration, weil sie gesellschaftliche Diversität historisch stärker gelernt haben und durch die latente Vielfalt kulturell aufnahme- sowie anknüpfungsfähig sind. Städte als Lebensräume ermöglichen besondere Effizienzvorteile durch Agglomeration; in ihnen werden externe Effekte vielfach wirksam. Das planvolle, vor allem aber das zufällige Zusammentreffen der Menschen schafft Potenziale, wie wir sie aus Netzwerken und Clustern im rein wirtschaftlichen Verständnis kennen. Denn Infrastrukturen gewinnen andere Nutzungseffekte und dadurch einen höheren Wirkungsgrad, gleichzeitig entstehen aus dem Miteinander selbstbewusster Menschen in urbanen Strukturen Impulse und Anregungen. Städtisches Leben kann mehr an bildenden, sozialen, kulturellen, zivilgesellschaftlichen Impulsen anbieten und vermitteln. Hier liegt ein starker Ansatz für die Zukunft: Städte reüssieren als »lifestyle cities«.[41]

Kurzum: Die kaum zu überschätzende Bedeutung der Verstädterung und Urbanisierung liegt darin, die Moderne erst nachhaltig möglich und globalisierungsfähig gemacht zu haben. Dort findet die politische Öffentlichkeit rechtsstaatlich verfasst ihren Anker, dort entwickelt sich täglich die gesellschaftliche Öffentlichkeit aus den Meinungen, Haltungen und Einstellungen der Bürger, dort wird »Öffentlichkeit als eine Form des Bewusstseins« sichtbar – als jederzeitige Möglichkeit und Realität, als Latenz.[42] Indes: Was bleibt von der Ordnung im Raum und dem Leben im Vulkan, zumal angesichts der Pandemie und ihrer Bedrohung sozialer Dichte sowie der damit verlorengehenden Fühlungsvorteile im Miteinander der Menschen? Die Frage stellt sich umso mehr, als für viele in diesem Wandel, der die Peripherie gleichberechtigt, ein Vorteil liegt. Der Wegfall zentraler Orte erster Ordnung – *Superstar Cities*, die durch den Verlust erfolgskritischen Wissenskapitals zu *Megacities* werden – ist scheinbar der Gewinn für periphere Regionen, und die potenzielle räumliche Gleichverteilung cloudbasierter wirtschaftlicher Aktivitäten könnte die gesellschaftliche Integrationsleistung stärken. Während die digitale Transformation die vulkantheoretischen Überlegungen nicht infrage gestellt, sondern hinsichtlich einer Differenzierung zentraler Orte mit unterschiedlichen Innovationspotenzialen weiterentwickelt hat, bringt die Pandemie mit den weltweiten, weitreichenden Lockdown-Erfahrungen dieses theoretische Gerüst ins Wanken.

Dies kann aber nur wirksam sein, weil Verstädterung und Urbanisierung des Lebens trotz der damit verbundenen Freiheits-,
Wohlstands- und Handlungsgewinne immer wieder genauso stark
Widerspruch, Ablehnung und gar Hass erfahren haben. Die tota-
litären Regime, die nach dem Ersten Weltkrieg in Europa auf solche gesellschaftlichen Gegenströmungen aufsetzten, sind ein Beleg
dafür; ebenso der russische Angriffskrieg gegen die Ukraine, deren
Verwestlichung sich über Städte vollzieht und sich in den Städten
manifestiert. Die immer wieder von unterschiedlichster Seite gefor-
derte Eindämmung der Globalisierung, der Migration, der als un-
durchschaubar empfundenen Fernbeeinflussung steht dafür. Dem
Sieg technisch wirksamer Rationalität und Vernunft waren National-
gefühl und Glaube scheinbar hilflos ausgeliefert. Die Pandemieerfahrung hat nun erleben lassen, was es bedeutet, wenn man Grenzen
schließt und öffentliche Räume versiegelt. Die Zumutungen der
ökonomischen Globalisierung scheinen abwehrbar zu sein, der Hebel
liegt in der Schwächung dessen, was die Moderne getrieben hat, des
urbanen städtischen Lebens, und der Stärkung ländlicher Räume und
der kleinräumigen gemeinschaftlichen Zurückgezogenheit.

Die Zurückgezogenheit schwächt den öffentlichen Austausch,
das Gespräch, die Vielfalt der Wahrnehmung des anderen. Selbstver-
ständliches im persönlichen Gespräch wird zum Besonderen, wenn
man über Distanz – ob mit oder ohne Videotechnik – miteinander
kommuniziert. Neuere experimentelle Forschung bestätigt dies;
die Suche nach Unterstützung ist in der persönlichen Ansprache –
Face-to-Face – viel wirksamer als über alle indirekten Formen der
Kommunikation.[43] Anders gewendet und zugespitzt: Die nicht von
Angesicht zu Angesicht stattfindende persönliche Kommunikation
führt zu anderen Wahrnehmungen und Reaktionen. Das verändert
den öffentlichen Raum nachhaltig.

Menschen haben nach der Pandemie nicht nur ihre Kommunikation angepasst, sondern auch ihr Äußeres. Wer im Homeoffice, jedenfalls fern des öffentlichen Raums ganz überwiegend seine Zeit ver-
bringt, der erscheint dort hinsichtlich Körperhaltung, Gang, Stimme,

Blick und Kleidung anders als früher. Was als Lässigkeit gedeutet werden mag, ist letztlich Respektlosigkeit gegenüber sich selbst und den anderen; es dokumentiert Nachlässigkeit, Unachtsamkeit oder mangelnden Willen, auf Form und Haltung in der Öffentlichkeit zu achten. Dagegen muss man schon so viel Disziplin aufbringen wie der britische Staatsbedienstete Kenneth Warren von 1906 bis 1913 auf einem entlegenen Posten im Dschungel Nordostindiens: »If you lost your self-respect you were not looked in a respectful manner. So, in order to maintain my self-respect, I put on a dinner jacket and dressed for dinner and I said to my servants, who were quite likely to get a bit slack just looking a man by himself in the middle of the jungle, ›Now this is a dinner party and you will serve dinner as though there are other people at the table‹.«[44] In der extremen Einsamkeit in der Provinz Assam war es offenkundig eine lebenspraktische Übung, durch Form und Haltung eine Situation zu prägen und gerade nicht in die Falle der Beliebigkeit und Nachlässigkeit zu tappen. Heute besteht die Aufgabe darin, aus der Extremerfahrung der Pandemie nicht den Respekt vor sich selbst und den anderen zu verlieren.

Die Moderne ist beides: eine Kultur der Krisen und eine Kultur der Freiheit. Gedankenfreiheit heißt Skepsis. Krisenerfahrung und Krisenangst begünstigen jedoch eine Diskreditierung der Skepsis. Andererseits wird die Skepsis gebraucht, um mit den Krisen fertig zu werden. Nur wenn es gelingt, die Freiheit des Denkens und Argumentierens zu erhalten, hat die Moderne eine Zukunft.

Gerhard Schulze, Gedankenfreiheit, 2010

IV. SKEPSIS ALS ZUMUTUNG IN ZEITEN EXISTENZIELLER GEFÄHRDUNG

In modernen Gesellschaften resultiert aus dem Zwiegespräch zwischen den institutionellen, objektiven Strukturen einerseits sowie dem individuellen, subjektiven Verständnis andererseits eine Alltagswelt als erfahrene Lebenswirklichkeit. Die Dynamik von Konstruktion und Rekonstruktion ergibt sich aus der Spannung und den Widersprüchen, die dem Zwiegespräch zugrunde liegen und es prägen. In Gesellschaften mit Beharrungstendenzen (Typus Sesshaftigkeitsgesellschaft) liegt der Antrieb dazu eher in sich verändernden objektiven Bedingungen, in Gesellschaften mit großer Offenheit für Veränderung und der Neugier auf Neues (Typus Zuwanderergesellschaften) kann der Anstoß zur Veränderung eher in den Einstellungen der Bürger vermutet werden.

So oder so erfährt das Zwiegespräch in der aufgeklärten modernen westlichen Demokratie eine Bedeutung dadurch, dass dem Einzelnen jederzeit der Widerspruch legitimiert wird. Auch wenn unbestimmt ist, ob in der konkreten Situation primär der Beharrer oder der Veränderer unter Rechtfertigungsdruck steht, so gehören doch selbstverständlich Skepsis und Zweifel zu den Haltungen und Ausdrucksformen der westlichen Moderne. Diese geraten aber unter Druck, wenn in Grenzsituationen besondere Bedrohungen entstehen und einfache, aber vor allem sichere Einsichten verlangt werden. Das kann den wissenschaftlichen Diskurs – als gesellschaftliches

Phänomen ein Resultat der Moderne – gefährden, weil es ihn überfordern muss, wenn eindeutige Erkenntnisse gewünscht werden, der notwendige wissenschaftliche Zweifel aber ignoriert oder verdrängt wird. Dann enttäuschen Aussichten auf bloßes Orientierungswissen, wo endgültige Wahrheiten verlangt werden.

1. Erschöpfung und Müdigkeit verlangen Sicherheit statt Skepsis

Die Intensität des Gesprächs, die Wirksamkeit des individuellen Ausdrucks und die Qualität der Rückkopplung sind nicht unabhängig von der Kommunikationsform und der gewählten Technik. »Gesellschaftliche Öffentlichkeit« ist eine »Form wechselseitiger Verständigung«, die auf dem »Bewusstsein als einer sozialen Form der Selbstbezüglichkeit« beruht, »die Menschen als Menschen benötigen, um überhaupt einen Begriff von sich, von ihrer Gemeinschaft mit anderen und (dies vor allem) von ihrer Welt zu haben. So leben sie gemeinsam in einer Weltöffentlichkeit.«[1] Digitale Formate sind – sieht man von den noch unklaren Potenzialen des Metaverse mit seinen virtuellen Welten ab – ein Substitut, vielleicht eine Simulation der Öffentlichkeit, doch nie das wirkliche, interaktive Leben im öffentlichen Raum. »Wenn es reichte, sich das Dasein zu denken oder es in Filmen anzusehen, könnten wir uns mit den Medien begnügen. Was in der bloßen Vorstellung geschieht, kann, wie die Kunst beweist, äußerst bedeutsam sein. Aber es ist nicht wirklich.«[2] Denn »was immer ein Individuum verstehen können soll: Es muss etwas sein, das auch Andere begreifen können. [...] Denn jedes Denken und Sprechen setzt eine gemeinsame Welt voraus, auf die sich jedes Bewusstsein bezieht, wenn Denken und Sprechen überhaupt etwas bedeuten soll.«[3] Dieser Bezug auf »eine gemeinsame Welt« kann nicht substituiert oder simuliert werden.

Öffentlichkeit funktioniert demzufolge nicht lediglich dadurch, dass im Gespräch Meinungen und Anschauungen ausgetauscht werden, sondern beruht zudem auf einem gemeinsamen Wissen, wie es durch Allgemeinbildung und kollektive Wahrnehmungen sowie Erfahrungen als implizites Vorverständnis zustande kommt. Hier verbindet sich die hermeneutische Weltdeutung mit der Welterfahrung in der »breiten Gegenwart«. Gemeinsame Einsichten, die darin bestehen können, unterschiedlicher Meinung zu sein, beruhen in besonderer Weise auf Skepsis und Zweifel statt auf Zustimmung und Hinnahme. Die prinzipielle Gleichstellung der Bürger in der modernen Öffentlichkeit gibt Raum für den aufklärerischen Aufruf, selbst zu denken. Skepsis und Zweifel mögen auf den ersten Blick unbequem erscheinen, doch erst durch diese Haltung signalisieren Teilnehmer am Gespräch, dass sie den anderen und seine Positionen ernst nehmen. Skepsis eröffnet die Möglichkeit, sich einem Gegenstand gedanklich in einer Weise gemeinsam zu nähern, dass alle denkbaren Aspekte sichtbar werden und sich ordnen lassen. Es geht nicht um radikale Skepsis, die als Verhinderung wirkt, oder um ziellosen Zweifel, der Neues nicht zulässt. Es geht um jene Übung des Selbst-Denkens »ohne Geländer«, ohne Vorurteilsstruktur und ohne feststehende Maßstäbe, allein um des Willens zu verstehen, wie es Hannah Arendt nannte[4] und wie es Wilhelm von Humboldt der modernen Universität ins Stammbuch schrieb.[5]

»An die Stelle eines emphatischen Wahrheits- und Weisheitsauftrags der Universität ist die Autorität des Zweifels«[6] gesetzt worden. Wissenschaft als methodisierten Zweifel zu verstehen, bedeutet auf die Vielfalt sowie den Widerstreit der Methoden, Daten und Bewertungen zu setzen. Die Autorität des Zweifels und die Bedeutung der Skepsis sind zeitlos und greifen weit über die Wissenschaft hinaus, denn sie richten sich gegen jegliche Gleichmacherei und jegliche Bedrohung freien Denkens. Skepsis war in der Covid-19-Pandemie ein knappes Gut. So wie Gerhard Schulze es im vorangestellten Zitat allgemein beschrieben hat, ist sie durch das Virus konkret von zwei Seiten in Bedrängnis geraten: Den einen erschien Skepsis als fragwürdige Warnung gegenüber der schnellstmöglichen Rückkehr in eine Normalität – und dahinter der Beachtung von Freiheitsrechten –,

den anderen erschien Skepsis als unverantwortliche Beschwichtigung
vor einem veritablen Risiko. Leicht wird dann »warnende Skepsis
als Hysterie pathologisiert und beschwichtigende als Verdrängung«.[7]
Weit kommt man damit nicht, eine Verständigung ist nur schwer
erreichbar. Wenn sich beide Deutungen der Skepsis verhärtet gegen-
überstehen, droht diese selbst – als Maß und Mitte – auf der Strecke
zu bleiben.

Dabei ist Skepsis mehr als Gedankenfreiheit, sie ist Odo Marquard zufolge »der Sinn für Gewaltenteilung, bis hin zur Teilung auch
noch jener Gewalten, die die Überzeugungen sind«.[8] Skepsis ist die
angemessene Haltung in einer offenen, demokratischen Gesellschaft,
die den Zweifel nie aufgeben darf – nicht, um Handlungen zu ver-
hindern, zu unterlassen und so auf Sicherheit im Stillstand zu setzen,
sondern weil es keine Zukunft ohne Ungewissheit und Risiko gibt
und deshalb Wissen nur Überbrückung von Nichtwissen auf Zeit
sein kann. Und: »Skepsis ist der Sinn für die menschliche Endlichkeit; bis hin zur Endlichkeit menschlicher Zustimmungen.«[9] Denn
aus der begrenzten Lebenszeit in einer – verglichen damit – ewigen
Weltzeit resultiert lebenspraktisch der Bedarf, sich in Überliefertem
und Bestehendem einzurichten, einen Umgang mit jenen für die individuelle Gestaltungen unverfügbaren Gewalten zu finden. Wenn
vieles schon da ist und wirkt, wenn wir auf die Welt kommen und
so viel noch nach uns sein wird, das wir nie veranlasst und verfügt
haben, dann ist es ratsam, besonders dort mit wachem Geist hin-
zuschauen, wo Absolutheit erst durch unsere Zustimmung entsteht.

Die Skepsis hilft uns dabei, jenseits des für uns individuell Unverfügbaren pragmatisch eine »Entlastung vom Absoluten« (Hans Blumenberg) zu finden beziehungsweise »Abschied vom Prinzipiellen«
(Odo Marquard) zu nehmen. Diese beiden bedeutenden deutschen
Philosophen des 20. Jahrhunderts sind mit ihren programmatischen
Formulierungen leichthin als der »skeptischen Generation« zugehö-
rig erkennbar, die durch Diktatur und Indoktrination, Verfolgung
und Krieg geprägt war. Die menschengemäße Ableitung, sich gegen
überzogene, absolute, prinzipielle, nicht erfüllbare Verpflichtungen

und Überzeugungen zu stellen, ist just in Zeiten von Pandemie und Krieg wegweisend. Denn in Zeiten solcher »historischer Krisen geraten erst einmal Vorurteile ins Wanken, es ist auf sie kein Verlaß mehr, und gerade weil sie, in der Unverbindlichkeit des ›man sagt‹, ›man meint‹, in dem begrenzten Raum, wo sie berechtigt sind und gebraucht werden, nicht mehr mit Anerkennung rechnen können, verfestigen sie sich leicht zu etwas, was sie von Haus aus ganz und gar nicht sind, nämlich zu jenen Pseudotheorien, die als geschlossene Weltanschauungen oder alles erklärende Ideologien die gesamte geschichtliche und politische Wirklichkeit zu begreifen vorgeben.«[10] Das Zitat beschreibt vorausschauend den Mechanismus, durch den sich die eigenen Vorurteile infolge ihrer krisenhaften Erschütterung zum fortifizierten Rückzugsort verhärten.

Der »Absolutismus der Wirklichkeit«, der hier zu greifen ist, entspringt unserer Zeitknappheit, der Tatsache, dass Lebenszeit und Weltzeit divergieren, dass unser Gestaltungsanspruch für das eigene Leben unter vielen einschränkenden Bedingungen steht.[11] Wenn wir anfangen, ist längst schon ein Anfang gewesen, und wenn wir verschwinden, ist noch lange kein Ende in Sicht. Die Bewusstmachung dieser Divergenz hatte in der Neuzeit dazu geführt, dass sich der Mensch seitdem nicht mehr nur der Verlorenheit im Raum, sondern durch die verlorenen Welten im Jenseits ebenso der »Verlorenheit in der Zeit« ausgesetzt fühlt.[12] Die Kürze und Vergänglichkeit unseres Daseins machen uns klein und inkompetent in dieser Welt. Dem Absoluten versuchen wir zu entgehen, indem wir uns dazu Distanz verschaffen, einerseits durch versuchte Beherrschung der Lebenswelt, andererseits durch Skepsis gegenüber dem Prinzipiellen. Beides sind Übungen der Lebenstauglichkeit.

Die Distanz durch Skepsis gegenüber dem Prinzipiellen entsteht, wenn wir uns die Gedankenfreiheit nehmen, Zweifel zu haben, und wir die Kraft besitzen, Zweifel im diskursiven Miteinander zu prüfen, zu gewichten, einzuordnen und von Vorurteilen zu separieren. Die Distanz mittels teilweiser Kompetenzgewinnung entsteht durch Anstrengungen. Sie zielen darauf, die konkrete Lebenswelt gestalterisch in den Griff zu bekommen; sie sind darauf gerichtet, der Verantwortung für diese Welt wenigstens ansatzweise Rechnung tragen zu können. Beiden Zwecken dienen Wissenschaft, Technik und jede Form der rationalen Gestaltung des öffentlichen Raums (vor allem institutionell durch Verfassung, Rechtsordnung und freiwillige Übereinkommen im alltäglichen Miteinander). Beiden Zwecken dienen ebenso Moral, Trivialorientierungen, Vorurteile und Mythen, Erzählungen und Geschichten.

Der Bedarf an Mythen, an Metaphern, an Anekdoten, an verbindenden und einordnenden Erzählungen, die den lebenspraktischen Umgang mit der Kontingenz der Wirklichkeit ermöglichen, gewinnt in unserer Zeit noch eine weit größere Bewandtnis als je zuvor.[13] Denn zentrale Treiber des Strukturwandels unserer Öffentlichkeit und unserer Lebenswirklichkeit – die ökonomische Globalisierung und die digitale Transformation – verschärfen unter drei Bedingungen den Absolutismus der Wirklichkeit: Wenn erstens die private Lebenssphäre infolge eines Strebens nach gewürdigter Singularität öffentlich wird, wenn zweitens die Fernbeeinflussung scheinbar unaufhaltbar sowie intransparent zunimmt und wenn drittens das Öffentliche zunehmend privat wird, weil es individualisierte Identitätswünsche infrage stellt. Die Überforderung des Einzelnen im Umgang mit einem machtvollen Absolutismus der Wirklichkeit ist dann schnell zu greifen; alle Bemühungen, die Handlungsfähigkeit des Menschen durch Innovation und Wissensdiffusion zu stärken, stehen im Wettlauf mit den Wirkungen globaler und digitaler Netze, die den Gewinn an individueller Lebenssteuerungskompetenz immer wieder einhegen.

Als Reaktion auf dieses Zusammentreffen von aktuellen Verwerfungen, Spannungen und Zumutungen lebensexistenzieller Konflikte beobachten wir einen schleichenden Verlust gesellschaftlicher Bindung durch die Hinwendung zur kleinen Gemeinschaft, zur Ideologie, zu engen Glaubenskreisen, zu abgeschlossenen Echokammern, zu singularisierter Identität. Mythen und Erzählungen, Skepsis und Zweifel verlieren jedoch durch Abgeschlossenheit und Exklusivität ihre positive Leistung zur Bewältigung der individuellen Lebenswirklichkeit und zur Gestaltung der Öffentlichkeit. Zweifel sind dann kein Ausgangspunkt konstruktiver Gespräche, Mythen wirken dann nicht als Ergänzung von Wissenschaft, Technik und rationaler Gestaltung des öffentlichen Raums, sondern als deren bedrohlicher Ersatz, weil das dysfunktionale Potenzial von Unwahrheiten und Fake News nicht (mehr) gesehen wird. Es geht nicht mehr um die Annäherung der Lebenssphäre an die Welt, sondern um deren auf Angst, Abschottung und Feigheit beruhende kleinräumige, moralisch-narrative Beherrschung. Die skizzierten Debattenstränge über die Herausforderung der Moderne und die daraus kondensierte Ableitung, dass der Mensch durch sich selbst in einer Welt überfordert oder gar überlastet wird, binden hier an, weil daraus ebenso ein Bedarf an Exklusivität des Individuums – eine Art Identitätsegoismus – resultiert.

Dabei wirken Triebkräfte aus konträren Richtungen; in westlichen Gesellschaften handelte es sich in den vergangenen Jahren um ein Wechselspiel der Narrative zwischen linker Identitätspolitik – basierend auf moralisch immunisierten, immer differenzierteren Equal-Rights-Debatten ohne Rückbindung an die gesellschaftliche Struktur und Lebenswirklichkeit – und rechter Identitätspolitik als nationalistischer und pietistischer Rückschlag mit dem Versprechen einer vermeintlich besseren Vergangenheit als neue Zukunft. Wo die eigene Identität nicht durch Diversität geleitet wird, da liefert die national oder die religiös beliehene Identität Ersatz. Wo Vorurteile ins Wanken geraten, da werden diese zu Pseudotheorien überhöht – ganz so, wie es Hannah Arendt beschrieben hat. Und der demokratische Diskurs wird entweder fragmentiert oder vermag eine umfassende Repräsentation von Lebensformen nicht mehr zu gewährleisten. Denn jeweils wird unversöhnlich die eigene Grundrechtsverwirklichung zur Ablehnung der anderen.

Ähnliche Tendenzen lassen sich seit geraumer Zeit in vielen hochentwickelten westlichen Gesellschaften beobachten. Der Fortschritt in Freiheit hat den Alltag nicht nur erleichtert, weder für den Einzelnen noch für die Gesellschaft. Wir leben in einer Epoche konzeptioneller Aussichtslosigkeit sowohl für das globale Miteinander als auch für das nationale Leistungsversprechen – außer man hofft auf die Rückkehr vergangener nationaler Autonomie. Sinngebung muss individuell wie kollektiv täglich selbst im Hier und Jetzt erarbeitet werden, ohne Hoffnung auf neue, vorwärtsweisende Narration. Diese Offenheit generiert für die große Mehrheit eine Unbestimmtheit, die allerdings nicht die optimistische Einschätzung begründet, alles sei möglich, sondern rückwärtsgewandte Erwartungen an vermeintlich bessere Zeiten schürt oder gar dystopischen Erzählungen Tür und Tor öffnet; zumal Utopien totalitär sind, dadurch Sicherheit verheißen und somit manchem in solch unsicheren Zeiten passend erscheinen. Derartige totalitäre Utopien lassen sich als Abwehr gegen die gleichermaßen totalitär anmutende Botschaft der Globalisierung und der Digitalisierung deuten.

Wenn man nicht nur nach den zeitgleichen Phänomenen auf der Ebene der Sprache, der Begriffe und der Kultur in unterschiedlichen Gesellschaften fragt, sondern den damit angelegten weiten Blick in die Vergangenheit wendet, dann sticht die Epochenwende vom 19. zum 20. Jahrhundert hervor. Denn nicht unähnlich zu dem erläuterten Befund für die Gegenwart war auch in jener Zeit – die Epoche des *Fin de Siècle* von 1890 bis 1914 als europäisches Phänomen – eine breite gesellschaftliche Stimmungslage zu verzeichnen, die an den Potenzialen und den Versprechen der seinerzeitigen Gegenwart zu verzweifeln schien. Damals – am Ende des »langen 19. Jahrhunderts« – blickte man wie heute auf einen zuvor ungeahnten technischen und sozialen Fortschritt zurück, der individuelle wie gesellschaftliche Wohlstand prosperierte, die Lebensdauer verlängerte sich parallel zur Entwicklung der modernen Medizin und der Ausweitung des öffentlichen Gesundheitswesens. Die weitere Ausreifung dessen war nur utopisch beschreibbar, geriet damit aber mit der politischen und gesellschaftlichen Rückständigkeit vieler Verfassungsrealitäten unauflösbar in Konflikt.

Kulturell führte dies zu politischen Verfallserscheinungen und künstlerischen sowie literarischen Grenzüberschreitungen; ein neuer

Meinungspluralismus zwischen Fortschritt und Niedergang bestimmte öffentliche Debatten. Dem entsprach eine neue funktionale
Differenzierung (Wirtschaft, Recht, Wissenschaft, Bildung etc.) der
Gesellschaft, die der traditionellen Schichtung entgegenwirkte, soziale Dynamik ermöglichte und Komplexität in der Lebenswirklichkeit begründete. Der Wandel erfasste um 1900 weite Bereiche des
privaten Lebens – Ehe und Familie, Sexualität, berufliche Emanzi-
pation der Frau, Psychologie, Rationalisierung der Arbeitswelt, neue
Formen und Beschleunigung der Mobilität – und hatte tiefgreifende
Folgen: »Auf die modernen Lebensbedingungen führten die Zeitgenossen eines der markantesten Phänomene der Zeit um 1900 zurück,
nämlich die Nervosität und Nervenschwäche (Neurasthenie), ein
Phänomen, von dem man weite Kreise der Bevölkerung betroffen
glaubte [...]. Die Diagnose lautete Erschöpfung und Müdigkeit bei
leichter Reizbarkeit.«[14]

Der Kriegsausbruch 1914 erschien den Menschen als Erlösung aus
der Unbestimmtheit und Ziellosigkeit des Seins; plötzlich gab es ein
überragendes Ziel, das alle einband und randständige Positionen verdrängte. Wie sonst will man den Jubel erklären, der überall in Europa
auf den Plätzen und Magistralen der Städte erscholl, und die beinahe
volksfestartige Ausgelassenheit der Menschen verstehen – und das in
Erwartung des Schlachtfeldes. In einer Situation, die gleichermaßen
durch Erschöpfung, Müdigkeit und Reizbarkeit charakterisiert war,
konnte die Aussicht auf einen großen Kampf – gar einen großen
Krieg mit unbekannten technischen Möglichkeiten – neue Sicherheit
in der Hingabe und Orientierung auf das als elementar notwendig
Erachtete gewähren, was vorher zu zerfließen drohte. Große politische Konflikte sind nie frei von gesellschaftlichen Hintergründen
und ökonomischen Herausforderungen. Der Erste Weltkrieg als Urkatastrophe des 20. Jahrhunderts ist angesichts der vorangegangenen
langen Friedensphase in weiten Teilen Europas – jedenfalls zwischen
den großen Mächten – und der überwältigend erfolgreichen ersten
Globalisierung nach der industriellen Revolution in einem solchen
Verständniskontext zu verorten.

Nun ist jeder historische Vergleich mehr oder weniger schief, vor allem dann, wenn er auf spezifische Entwicklungen rekurriert. Allerdings begründen strukturelle Ähnlichkeiten, emotionale Spannungen und Bedarfslagen, soziale wie individuelle Überforderungsphänomene vergleichbarer Art ein Erstinteresse an der historischen Botschaft. Die bezieht sich verdichtet auf den Befund der gesellschaftlichen Erschöpfung und Müdigkeit bei leichter Reizbarkeit. Das, so die hier vertretene These, charakterisiert ebenso die Stimmung unserer Zeit, denn nach über dreißig Jahren friedlicher Koexistenz und unglaublicher ökonomischer Globalisierung fehlt es an konkreten Übergängen in qualitativ neue Formen des Miteinanders und es mangelt an Perspektiven in Form von motivierenden Zukunftserzählungen. Die gesellschaftlichen Mangelerscheinungen an Narration über das Gemeinsame und den Sinn des Zukünftigen sind jedenfalls der Stimmungslage des *Fin de Siècle* sehr ähnlich. Die russische Aggression gegen die Ukraine hat vielleicht auch deshalb eine unerwartete Solidarisierung der Menschen in der westlichen Welt erbracht und ebenso überraschend dazu geführt, dass der Aggression mit ungeahnter Wehrhaftigkeit und Sanktionswillen begegnet wurde.

So wie der von Russland verursachte Konflikt und die damit verbundene Bedrohung für viele Menschen die Leere ihres Erwartungsraums füllte, so war dies ähnlich mit dem durch die Pandemie bedingten, fast bereitwilligen Abschied von der vermittelnden Skepsis. Die Bekämpfung der Pandemie als oberstes Ziel, der absolut gesetzte Gesundheitsschutz, die Ausblendung der Kollateraleffekte – all das füllte die Erwartungslücke: die Überwindung des Virus als Ziel seiner Bekämpfung. Dann sind auch absolute Forderungen an den Staat nicht unplausibel. Wer sich diese Position zu eigen macht, den wird der Verlust einer konstruktiven, verbindenden, Zweifel ernst nehmenden, Vorurteile adressierenden Skepsis wenig schmerzen. Überdies wurden die zur Pandemiebekämpfung formulierten Konzeptionen, die auf eine Vernichtung des Virus zielen, harsch und nahezu unversöhnlich vorgetragen, sodass mitunter selbst die Politik den Eindruck erweckte, diesem Ziel folgen zu wollen, und deshalb unabhängig von der Inzidenzlage bei Covid-19 allgemeine Maßnahmen des Lockdowns verfügte.

Die Unversöhnlichkeit der eingenommenen Positionen bleibt allerdings insofern erstaunlich, als diese ihre Legitimation aus einem Wissenschaftsverständnis bezieht, das offenbar von der einen, endgültigen Wahrheit ausgeht und insofern eher vormodern anmutet. Verweist man dagegen darauf, dass Wissenschaft methodisierter Zweifel ist, dass sie darauf beruht, sich wirksam der »Tyrannei des Wahrscheinlichsten« zu erwehren, dieser eine klare und unmissverständliche Absage zu erteilen,[15] dann wird deutlich, dass die unversöhnlich manifesten Positionen keine wirklich überzeugende wissenschaftstheoretische Grundlage haben. Tatsächlich wurde in der Pandemie, ihrer Bekämpfung, bei der Folgenabschätzung und Entwicklung von Szenarien auf allen Seiten mit ungezählten Studien und Analysen argumentiert, deren Qualität nicht leicht einschätzbar ist und die oft schon für Experten der jeweiligen Disziplin kaum replizierbar sind. Insofern ist allseits Skepsis angeraten, ohne dass dies zur beliebigen Ahnungslosigkeit einlädt. Denn, so Odo Marquard: »Skeptiker ist nicht der, der – als Inhaber geballter Ratlosigkeit – gar keine Position hat, sondern zu viele; Skeptiker ist einer, der zweifelt, weil er mehrere Seelen in seiner Brust, mehrere Tendenzen in seinem Leben, mehrere Geschichten in seiner Wirklichkeit hat, und der mehrere Positionen vertritt, die einander durch ›isosthenes diaphonia‹ neutralisieren.«[16]

2. Die Gefährdung des Zweifels in Grenzsituationen des Lebens

Wenn es wie in einer Pandemie um Leben und Tod geht, finden Skepsis und Zweifel im öffentlichen Diskurs kaum Gehör, zumal diese Rahmenbedingungen seit Generationen unbekannt sind. Während die »Mutter aller Pandemien«,[17] die Spanische Grippe von 1918 bis 1920, trotz ihrer weltweit verheerenden Wirkungen nur selten

Aufnahme in unsere Geschichtsbücher gefunden hat und die Grippepandemien der Jahre 1957/58 und 1968 bis 1970 kaum in die zeitgenössischen Medien, hatten die Sars-Pandemie 2002/03 und die Schweinegrippe 2009 immerhin zu einem neuen Ansatz der Vorbereitung (*Preparedness*) seitens der Weltgesundheitsorganisation und zu entsprechenden nationalen Pandemieplänen geführt. Eine breite öffentliche Wahrnehmung solcher Risiken war damit allerdings nicht verbunden. So konnte Covid-19 den Status einer »zivilisatorischen Kränkung« erlangen,[18] welche die Frage nach Leben und Tod grundsätzlich anders stellt.

Unter diesen Umständen sind Disziplinen gefragt, von denen exakte Aussagen ohne Verfallsdatum wenn schon nicht zu erwarten, dann wenigstens zu erhoffen sind. Doch eine Erkenntnis aus der Zeit der Pandemie lautet, dass selbst hier Lehrgeld bezahlt werden muss und Wissen nur auf Zeit zu haben ist. Selbst in solch zugespitzter Lage existieren Bewertungsspielräume und bisweilen unüberbrückbare Verständnislücken, selbst dann sind Präferenzen und Haltungen der Wissenschaftler mit im Spiel. Trotzdem ist in dieser Krise, die eine fundamentale Herausforderung für das Gesundheitsversprechen moderner Gesellschaften darstellt, wie kaum je zuvor der Wunsch greifbar geworden, dass »die Wissenschaft gegenüber der Gesellschaft mit einer Stimme sprechfähig« sein soll – der Bedarf an Mythen ergreift die Wissenschaft selbst.[19] Mit dieser Forderung wurde eine Attacke gegen die skeptische Sicht auf die Rolle der Wissenschaft in der Pandemie geritten.[20] Ist das realistisch? Führt das nicht auf ein Verständnis der Wissenschaft, die auf dem Wege konsistenter und holistischer Vervollkommnung nun ihre höchste Entwicklungsstufe erreicht? Schon Wilhelm von Humboldt betonte, dass »die Entschleierung der Wahrheit […] ohne Divergenz der Meinungen nicht denkbar ist, weil die Wahrheit nicht in ihrem ganzen Umfange auf einmal und von allen zugleich erkannt wird«.[21]

Der Philosoph Hans Blumenberg hat Ende der 1980er-Jahre in dem Band »Die Sorge geht über den Fluss« kürzere Texte unterschiedlicher Ausrichtung veröffentlicht, die vielfach an ebendieser

Schnittstelle von Wissenschaft und Gesellschaft angesiedelt sind.[22] Einer der Beiträge trägt den Titel »Wissensüberdruss« und rekurriert auf Blumenbergs Befund, dass zum Ende des 20. Jahrhunderts der »Überdruss an der Wissenschaft« wachse, habe doch »dieselbe Wissenschaft, die der Menschheit den Untergang vorbereiten soll, ihr in demselben Augenblick die Explosion ihrer Fruchtbarkeit ermöglicht«. Die ambivalente Wirkung moderner Wissenschaft, die nicht nur Probleme löse und neue Handlungsräume eröffne, sondern zugleich immer kleinteiliger, intransparenter werde und damit an Zutrauen verliere, hat sich seitdem nicht vermindert, sondern eher verstärkt, wenn man etwa an die Künstliche Intelligenz mit ihren gewaltigen Potenzialen und Bedrohungen denkt. Blumenberg macht seine Leser, ganz unabhängig von der zeitbezogenen Bedingtheit seiner Aussage, auf grundsätzliche Dilemmata aufmerksam, die jetzt noch zusätzliche Nahrung erhalten. Dazu tragen gesellschaftliche Verwerfungen, politische und ökonomische Krisen ebenso bei wie die Pandemie. In der Summe richtet sich der Blick dringlicher denn je auf die Wechselbeziehung von Wissenschaft und Gesellschaft.

Im Mittelpunkt steht das Dilemma des absoluten Wahrheitsanspruchs der Wissenschaft bei nur unvollkommener Erfüllbarkeit. »Wahrheit als Ziel höchsten Ranges, als absolutes und in unserer Tradition letztinstanzlich mit der Gottheit identisches Gut« – so Blumenberg – »ist als Argument tot. [...] Einsame Redner in abgelegenen akademischen Festakten sagen es verschüchtert noch zuweilen, die Wissenschaft habe sich der Wahrheit verschworen.« Eigentlich selbstverständlich – und doch: Statt es in abgelegenen Festakten zu hören, finden wir diesen Wahrheitsanspruch heute sublim im Miteinander der Disziplinen. Endgültige Forderungen der Wissenschaft sind während der Pandemie vorgetragen worden, letzte Aufrufe, unabweisbare Wahrheiten vermittelnd. »Als ob bereits dann alles gesagt sei, wenn die Wissenschaft gesprochen hat.«[23] Dagegen würde es Blumenberg halten wie das Bundesverfassungsgericht, das mit Verweis auf das Humboldt-Zitat Wahrheit als »etwas noch nicht ganz Gefundenes und nie ganz Aufzufindendes« versteht.[24] Die Vorläufigkeit allen

Wissens verlangt Demut gegenüber dem Streben nach der Wahrheit, das mit der Erzeugung des Zweifels seinem Anspruch bereits auf das Solideste genügt. Und es verlangt die Bereitschaft, sich mit Bereitstellung von Orientierungswissen zufriedenzugeben.

Der Überdruss an der Wissenschaft provoziert eine Moralisierung, die Gefahr läuft, sowohl die Zulässigkeit von Fragen als auch die akzeptierten Ergebnisse an die Werturteile Dritter zu binden, die selbstermächtigt die Diskurshoheit beanspruchen. Die Moralisierung prägt zunehmend den öffentlichen Austausch, da sie einfach und klar Antworten und Lösungen – Pseudotheorien – zu liefern scheint, wo die Menschen, aber auch die Gesellschaft hadern und in tiefsitzende, existenzielle Konflikte verwoben sind. In der Pandemie wird der Moralisierung dadurch Vorschub geleistet, dass die Sterblichkeit des Menschen eine neue Aufmerksamkeit erfährt, dass viele individuelle Schicksale aus der Privatheit in die Öffentlichkeit überführt werden. Der Tod im Zusammenhang mit Corona scheint besonders schwerwiegend. Indes haben sich Gesellschaften mit den Folgen früherer Pandemien oder Epidemien arrangiert, sei es das Influenzavirus, sei es die Poliomyelitis. Entweder konnte durch Impfkampagnen das Risiko in entwickelten Staaten weitestgehend minimiert werden, oder es werden die möglichen, schwankenden epidemischen Phänomene als beherrschbar hingenommen.

Kann es sein, dass in unserer saturierten und an Stabilität gewöhnten Gesellschaft die Pandemie als nicht akzeptabler, keinesfalls hinzunehmender Angriff, der nicht vorkommen darf, bewertet wird? Kann es sein, dass damit eine tiefe Enttäuschung einhergeht, weil es nicht um ein Versagen oder Fehleinschätzen hier und da am Rande des Geschehens geht, sondern um die Gestaltung des Großen und Ganzen, um die Unangreifbarkeit der modernen Gesellschaft? Keine frühere Generation hat größere Zeitsouveränität, mehr Bildungskapital, eine bessere Gesundheit und höhere Einkommen gehabt. Keine frühere Generation konnte umfassender und intensiver das eigene Leben gestalten. Öffentliche Infrastrukturen mit Netzwerkcharakter verschaffen immer mehr Spielraum, den individuellen Wünschen und

Kompetenzen folgend der eigenen Identitätsentwicklung Raum zu geben. Die digitale Steuerung unseres Lebens und unserer Kommunikation, die Möglichkeit, zu jeder Zeit und von jedem Ort intervenieren zu können, vermittelt eine früher ungekannte und sicher ungeahnte Kapazität des Menschen. Wir dehnen scheinbar unsere Lebenszeit und unseren Lebensraum aus, doch wir entkommen der Zeitschere zwischen »Lebenszeit und Weltzeit« nicht. Der Tod bleibt auch in der Moderne unausweichlich, wir wollen uns aber von keinem Virus diktieren lassen, wie und wann – und erst recht nicht, wenn der Kampf dagegen die stupende Erwartungslücke füllt sowie von der gesellschaftlichen Erschöpfung und Müdigkeit ablenkt oder diese mindert.

Wissenschaft muss unvermeidbar realistisch mit unserer Endlichkeit umgehen, auch in dieser Pandemie. Denn es gibt keinen Ausweg aus der Abwägung unterschiedlicher Risikodimensionen und unterschiedlicher ethischer Einordnungen, ein Konflikt ist grundsätzlich unvermeidbar, wenn mehrere Ziele konkurrieren. Wissenschaft kann das Dilemma nicht auflösen, aber sie vermag deutlich zu machen, welche Wirkungsmechanismen auf welche Weise ineinandergreifen und wie der *Trade-off* mit insgesamt geringstmöglichen negativen Effekten gestaltet werden kann. Die zahlreichen Studien zu unterschiedlichen Aspekten der Covid-19-Pandemie machen das Dilemma deutlich, das sich aus dem Wunsch nach eindeutig ableitbarem Rat und der Vorläufigkeit wie Widersprüchlichkeit dieser Studien ergibt. Eine Politik, die tatsächlich dem Grundsatz der Abwägung folgt, steht deshalb vor erheblichen Herausforderungen. Denn dafür muss es darum gehen, Vergleichbares zu analysieren, doch Covid-Erkrankung und die Einschränkung von Freiheitsrechten sind schwerlich vergleichbar.

Am Ende ist man vor die ethisch schwierige, eigentlich kaum lösbare Aufgabe gestellt, den jeweils damit verbundenen Verlust an Lebensjahren gegeneinanderzustellen. Das jedoch verlangt einen Zeithorizont, der weit über die Pandemie hinausgeht. Erst zukünftig werden die Kollateralschäden durch soziale und psychische Belastungen, Schulschließungen, Betriebsstillstand, Geschäftsaufgaben, Arbeitslosigkeit und Existenzgefährdung sowie die langfristigen Wirkungen einer schweren Corona-Erkrankung einzuschätzen sein. Es ist schon schwierig genug, die Effekte der Lockdown-Politik, der ohnehin eingetretenen Verhaltensanpassungen und der mangelnden Umsetzungseffektivität gegenzurechnen.[25] Die Absolutheit des staatlichen Gesundheitsversprechens ist aber nicht nur wegen dieser Ausschließlichkeit so bedrückend, sondern weil ganz selbstverständlich dafür verfassungsverbürgte Grundrechte zur Disposition gestellt und die Diskussion darüber an den extremen Rand verdrängt wurden. Die wissenschaftliche Begründung beruhte regelmäßig auf Studien aus anderen Ländern, deren Übertragbarkeit nie hinterfragt wurde. Ähnlich wurden politische Konzepte weitgehend unkritisch unabhängig von Siedlungsstruktur, Kultur und Habitus als für Deutschland einschlägig bewertet.[26]

Freilich: Die gebotene Abwägung aller Effekte ist voraussetzungsvoll. Das macht sie aber weder überflüssig noch vermeidbar. Letztlich geht es darum, den dauerhaften Umgang mit dem neuen Risiko in einen realistischen Rahmen zu stellen. Hierbei handelt es sich schließlich nicht um abstrakte Größen, sondern um lebenswirksame Effekte. Die Abwägung bringt uns dafür alle zusammen, aus unterschiedlichen Erfahrungsräumen, mit unterschiedlichen Perspektiven und unterschiedlichen Risikodispositionen. Die Abwägung verlangt gesellschaftliche Kommunikation, Aushandlung und faire sowie achtsame wechselseitige Kenntnisnahme. Das ist immer mühsam, in diesem Fall zum einen wegen seiner Langfristrahmung ganz besonders. Zum anderen ist es so schwierig, in diesem Diskurs zueinanderzufinden, weil die individuelle Risikodisposition und Ängstlichkeit ganz wesentlich den wissenschaftlichen Zugang zum Thema bestimmen. Die moralische Messung vermischt allgemeine Kriterien ethischen Handelns mit den individuellen Präferenzen. Immer ist zu beachten, dass es sowohl direkte Schadenskosten als auch Kosten der Schadensvermeidung gibt; der Begriff der Abwägung soll die Optimierungsaufgabe leichter vermittelbar machen.

Die eindimensionale Ausrichtung der Wissenschaft kann zwar ermöglichen, »gegenüber der Gesellschaft mit einer Stimme sprechfähig« zu sein, doch damit verlöre nicht nur die Gesellschaft den umfassenden interdisziplinären Zugang, sondern die Wissenschaft selbst ihren Wesenskern: die Erzeugung des Zweifels. Und dieser Zweifel verlöre seine Autorität. Interdisziplinäre wissenschaftliche Arbeit findet hier ihre Funktion, indem die Engführung disziplinärer Debatten aufgebrochen wird. Doch der Gesellschaft mündiger Bürger bleibt die Anstrengung nicht erspart, mit der Vielfalt wissenschaftlicher Stimmen umzugehen. Hans Blumenberg würde das – geradezu tröstend – als dem Menschen gemäß bewerten, weil er nur mit dem Plural von Vorstellungen und Möglichkeiten die »Entlastung vom Absoluten« leisten kann, und zwar nur im Miteinander, in der Bezogenheit aufeinander, so wie es dem Gespräch in der Gesellschaft entspricht.

Die Skepsis sichert nicht nur Gedankenfreiheit, sie ist allzu menschlich, sie ist unabdingbar. Skepsis eröffnet durch Pluralisierung Entlastungsperspektiven für unser Leben in Endlichkeit. Dabei geht es nicht um beliebige Relativierungen, sondern um die Öffnung unserer Wahrnehmung hin zu transzendentalen Vorstellungen, die das Sterben nicht vom Leben trennen, sondern beides zusammen betrachten. »Media vita in morte sumus« – mitten im Leben sind wir vom Tod umfangen – und »media morte in vita sumus« – mitten im Sterben sind wir vom Leben umgeben. Der Verlust eines geliebten Menschen ist immer mit schwerem Schmerz verbunden, egal in welchem Alter, unabhängig davon aufgrund welcher Ursache und unter welchen Umständen. Was uns in der Pandemie aber vor Augen trat, das war die große Vereinsamung, gar die Isolierung der Sterbenden. Jeder Bezug, den Sterbende normalerweise zur Familie, zu Freunden, zu ihren Lebensthemen und Erfahrungen herstellen, wurde unmöglich. Das Sterben und das Leben wurden bedingungslos separiert.

So hat Covid-19 der Gesellschaft einerseits den Autonomieanspruch über das Ende des Lebens genommen, andererseits in drastischer Weise vor Augen geführt, was es bedeutet, im Sterben nicht vom Leben umfangen zu sein. Das mag auf den ersten Blick überraschen, doch die Gesellschaften im Fortschritt des 21. Jahrhunderts können diese Verwundung, diesen Schmerz nicht abstreifen.

Das mag erklären, warum das Gesundheitsversprechen nun absolut gesetzt wurde, über alle Werte der Verfassung. Es mag damit auch erklären, warum Freiheitsrechte und Verfassungsnormen zu deren Sicherung auf einmal für viele nachrangig erschienen; so wurde gar die Sicherung der Grundrechte unserer Verfassung mit dem – kategorial falschen – Hinweis gekontert, dass es »kein Grundrecht gebe, andere zu schädigen«.[27] Aber: Diese Krise hat eine erschütternde Botschaft – das Leben ist unausweichlich ein Leben zum Tode – in aller Härte wiederholt, und sie hat dem Sterbenden die Einbettung in das Leben – seine Bezogenheit – genommen.

Der Tod als Grenzsituation des Lebens führt schon grundsätzlich zu besonderen Reaktionen der Menschen, weil er keinen Ausweg eröffnet und als Ganzes nicht durchsichtig sowie nicht begreifbar ist.[28] Der Mensch erfährt die Wirkungslosigkeit des Wissenwollens, mit dem das Leben normalerweise seine Bahnen zieht, weil Situationen aus sich heraus die Möglichkeit des Wissens als Verstehen offerieren. Karl Jaspers hat es in die folgenden Worte gefasst: »Als nur Lebender verfolge ich Zwecke, erstrebe ich Dauer und Bestand für alles, das mir wert ist. Ich leide an der Vernichtung realisierten Gutes, am Untergang geliebter Wesen; ich muss das Ende erfahren; aber ich lebe, indem ich seine Unausweichlichkeit und das Ende von allem vergesse.«[29] Wir arrangieren uns mit der Endlichkeit unseres Lebens, indem wir sie aus dem Alltag so weit verdrängen, dass sie keine Wirkung durch unmittelbare Präsenz erzielt. Was Jaspers im Grundsatz beschrieben hat, hat in unserer Zeit mit zunehmender Steuerungshoheit und individuellem Identitätsanspruch weiter an Bedeutung gewonnen. Die mit der Pandemie einhergehende Gegenwärtigkeit des Todes hat das jedoch geändert.

»Der Tod wird in der Grenzsituation zum geschichtlichen; er ist entweder der bestimmte *Tod des Nächsten* oder *mein Tod*«[30] – er wird damit nicht nur unausweichlich, sondern ist zugleich nicht mehr zu verdrängen. Der Tod des Nächsten lässt uns allein zurück, der einsame Tod des Nächsten nimmt ihm und uns jede Möglichkeit der Bezogenheit: »Ich bin allein geblieben, als ich, im letzten Augenblick den Sterbenden allein lassend, ihm nicht folgen konnte. [...] dieser Schmerz des Trennens ist der letzte hilflose Ausdruck der Kommunikation.«[31] Karl Jaspers hat existenzphilosophisch die Erfahrung des Todes im Leben beleuchtet, in einem Leben, das die Grenzsituation gewöhnlich verdrängen kann. Doch zugleich hat er einen Verständniszugang eröffnet für eine extreme Lage, die – wie die Pandemie – das Verdrängen nicht so leicht möglich macht: »Für den *unbeschränkten Lebenswillen,* der die Welt und sich selbst positivistisch sieht, das Dauern als Maßstab des Seins absolut nimmt, ist die Unausweichlichkeit des Todes Grund ratloser Verzweiflung.«[32] Die extreme Erfahrung der Sterblichkeit in der Covid-19-Krise verhindert indes, dass die »Vergesslichkeit in dem Bewusstsein der zeitlichen Unbestimmtheit« des Todes die Verzweiflung überwinden lässt.

Im Gegenteil: Die Todesgefahr, die sich mit dem Virus verbindet, schürt als Bedrohung unseres Wohlergehens Angst. Und Angst hat die Eigenart, dass sie uns nicht nur allein sein lässt, sondern keiner Gesellschaft bedarf; »man braucht nur sich selbst und eine bedrohliche Welt. Angst ist in der Tat sehr narzisstisch. Sie vertreibt alle Gedanken an andere, selbst wenn diese bereits in irgendeiner Form in uns verwurzelt sind.«[33] Angst ist Ausdruck der Grenzsituation. In der Angst wird deutlich, dass die alltägliche Verdrängungsleistung nicht mehr wirkt, weil wir erkennen müssen, dass Schutz und Vorsorge nicht mehr in dem Maße Sicherheit liefern wie unter normalen Bedingungen. Die Pandemie hat unsere Verletzlichkeit offenbart; Angst erleben wir als Ausdruck einer narzisstischen Kränkung. Aus dieser Melange von Grenzsituation, Kränkung, Verzweiflung und Angst erwächst der uneingeschränkte, unkonditionierte Wunsch nach absolutem Schutz.

All dies schwächt die Skepsis zusätzlich; sie verliert ihre einordnende Kraft. Der Weg ist frei für absolute Ansprüche, sie erscheinen angesichts der erfahrenen gesellschaftlichen Kränkung berechtigt. Es war – zugespitzt formuliert – die Präferenz der Einsamkeit. Denn der Lockdown bedeutete ja nicht nur das Schließen von Institutionen jedweder Art und damit die Einschränkung des privaten Konsums, sondern vor allem den vollständigen Verzicht auf Sozialkonsum, auf das gesellschaftliche Miteinander in all seinen Formen. Der öffentliche Raum als Ort des Zusammentreffens, des Kommunizierens, des Aushandelns wurde leer, das Leben dadurch weitgehend privatisiert in digitale Formate. Die temporäre Einsamkeit bot für viele Menschen durchaus die Möglichkeit zum Verschnaufen, eine Entlastung vom immer unüberschaubareren, globalisierten gesellschaftlichen Miteinander, vom Stress der Freiheit.

Einsamkeit ist nicht nur die Gegenposition zur Öffentlichkeit, es ist zugleich der Verzicht auf eine Privatheit, die ihre Qualität und eigenen Bezüge aus der Einbettung in eine Öffentlichkeit erfährt. Einsamkeit ist die Ablehnung jeglicher Vollzüge des Lebens in äußeren Bereichen, in der spezifischen Umwelt. Die Lebenswelt reduziert sich dann in einem Maße, dass sich der Einsame die Umwelt gar nicht aneignen oder eigene Deutungen darüber entwickeln will. Damit wird eine extreme Gefährdung der gesellschaftlichen Konstruktion der Lebenswirklichkeit spürbar, die sich an dem orientiert, was aus der Erwartung der verfestigten Vorurteile folgt und bereits skizziert wurde. Einsamkeit wird leicht zur Isolation. Dass dies aber eine für viele relevante Möglichkeit darstellt, führt zu tiefergehenden Fragen, wie sie Gegenstand der philosophischen Anthropologie sind.

Eingangs ist auf das »Doppelgängertum« des Menschen verwiesen worden, das sich aus der unvermeidbaren Gleichzeitigkeit von sozialer Rolle sowie privatem Schutzbedarf ergibt und dem er nicht entkommen kann.[34] Unterstützung erfährt der Mensch dadurch, dass er die Fähigkeit zur Distanzierung besitzt. Denn diese Distanzierung erlaubt es ihm, dass er seinen Körper beherrscht und ihn zugleich als Gegenstand wahrnimmt, den er von außen sieht: Er lebt sein Leben und geht auf Distanz zu seinem Leben. Der Mensch stecke in seinem Körper »wie in einem Futteral«, er ist dazu verdammt, zugleich in sich und nicht in sich zu sein. Diese »exzentrische Positionalität« des Menschen ist der »Anlass zur Kultur«.[35] Der Mensch spürt ein permanentes Ungenügen an sich selbst, eine permanente Unruhe. Aus der Kontingenz, der absoluten Zufälligkeit des menschlichen Daseins, ergibt sich das Verlangen des Menschen nach einer letzten Zuflucht.

Der Mensch ist »ins Nichts« gestellt und gerade deshalb ist er auf den gesellschaftlichen Schutz seiner Verletzlichkeit angewiesen. Isolation und Einsamkeit helfen ihm nicht aus seinem existenziellen Doppelgängertum heraus, er muss sich stattdessen zur Gesellschaft hin öffnen. Es ergibt sich die »Pflicht zum Politischen« gerade als Plädoyer für die Respektierung der Privatheit eines jeden Menschen. Wir Menschen sind aufgrund unserer leiblichen Verfassung darauf angewiesen, uns zur Welt zu öffnen und sie kulturell sowie gesellschaftlich zu gestalten, dadurch zur Lebenswelt zu machen. Erst dieses Schaffen wiederum gewährt jenen Schutz, den wir angesichts unserer Verletzlichkeit unabweisbar im Miteinander mit den anderen benötigen. Und dieses Schaffen findet nur gemeinsam mit anderen Menschen statt. Wir benötigen dafür eine umfängliche Öffentlichkeit, Wahrnehmung und Bezugnahme; die Aneignung und Deutung des Öffentlichen verschafften durch Gewöhnung Gewohnheit, durch Mitmachen Stabilität. Die Privatheit wird als letzter Rückzugsraum für den Einzelnen nur zu schützen sein, wenn wir in diesem Verständnis ein aktives Verhältnis zur Umwelt realistisch erarbeiten können.

Wenn dagegen – wie im Lockdown denkbar – die rein fiktive Vorstellungswelt über das reale Leben dominiert, dann muss man sich nicht wundern, wenn der Einzelne ohne offenen Austausch, zurückverwiesen auf soziale Medien, absolute Ansprüche an die Politik stellt, die ihn so absolut wie nie zuvor in der Geschichte der Bundesrepublik begrenzt. So setzt die Pandemie der Skepsis auf unterschiedlichen Ebenen zu – zunächst durch die unausweichliche Konfrontation mit dem Tod als Grenzsituation des Lebens, sodann durch den aus der Einsamkeit der Sterbenden resultierenden Schmerz der Gesellschaft und die damit angelegte Absolutheit des Anspruchs auf Lebensschutz, zudem durch die im Lockdown bedingte Vereinsamung der Menschen in ihrer kommunikativen Privatheit. Damit greift die Pandemie in ihrer Wirkung weit über das Infektionsgeschehen hinaus, sie attackiert substanziell die Maschinenräume der Moderne. Es ist nicht allein die Kommunikationsstruktur, die sich verändert hat, es ist das Moment der Öffentlichkeit, das verloren zu gehen droht.

The most important outcome of the pandemic wasn't that it taught you *how to use Zoom, but rather that it forced everybody else to use Zoom. We all leapfrogged over the coordination problem at the exact same time.*

David Autor, The Atlantic, 2021

V. ABSCHIED VON DER ÖFFENTLICHKEIT UND RÜCKKEHR IN DAS »GANZE HAUS«

Die Präferenz für Einsamkeit hat – das wurde deutlich – viele Quellen. Die Pandemie hat dabei wie ein Beschleuniger gewirkt. Doch die Trends, die sich aus der empfundenen Überforderung in der Moderne ableiten, haben den fruchtbaren Grund dafür gelegt. Krisen und Krisenmanagement entfalten ihre nachhaltigen Wirkungen stets im Zusammenspiel mit solchen zuvor nur latent wirksamen oder spürbaren Trends, sodass dann der Eindruck der Tendenzwende entstehen kann. Damit würde die Bedeutung der Pandemie wohl überhöht, allerdings verlangen solche Beschleuniger wegen ihrer spezifischen Rolle in diesem Prozess eine genauere Betrachtung.

Die Pandemiepolitik hat eine weit über die Pandemiezeit hinausreichende Wirkung, weil sie mit den in das Alltagsleben eingreifenden Bestimmungen – von der Schulschließung und Maskenpflicht über Kontaktbeschränkungen und dem faktischen Verbot von Kulturveranstaltungen bis zu den Schließungen von Restaurants, Hotels und Geschäften sowie der Homeofficepflicht – jeweils Randphänomene zum Normalfall erklärte, und zwar nicht nur vorübergehend für wenige Tage oder Wochen, sondern längerfristig über Monate, mit der Aussicht auf Verlängerung und jahreszeitlich bedingter Wiederholung. Das formal betrachtet unsoziale Verhalten wurde nicht

nur zum Normalfall, sondern zur gewürdigten Norm. Verhaltenswei-
sen, die vorher allenfalls randständig und deshalb hinnehmbar waren,
erfuhren nun eine positive Einordnung.

Die pandemiebedingte Umwertung von Randphänomen zum
Normalfall hat zusammen mit latent vorhandenen Möglichkeiten
und Wünschen eine dominante öffentliche Positionierung für die
Einschätzung der künftigen Arbeitswelt erlangt. Dabei wird leicht
vergessen, dass die Rückkehr in das »ganze Haus« der Vormoderne
nur dort als Souveränitäts- und Freiheitsgewinn wirken kann, wo
die Lebensverhältnisse und die Bedingungen der Arbeit es ermöglichen. Dagegen stehen andere Lebensrealitäten, in denen betriebliche
Präsenz als Wertschätzung wirkt und häusliche Verhältnisse kaum
Freiräume für Homeoffice gewähren. Damit droht westlichen Gesellschaften ein zusätzlicher Graben zur Spaltung zwischen regional
gebundenen, eher veränderungsablehnenden Menschen und jenen,
die betont weltoffen alles Fremde freudig begrüßen.

1. Die Umwertung der Üblichkeiten
und des Alltags

Diese Umwertung von Alltagsüblichkeiten und Trivialorientierungen
des Lebens hat mit längerer Dauer immer tiefgreifendere Wirkungen
entfaltet, und zwar in unterschiedlichen Kontexten mit unterschiedlicher Schwere und dem Potenzial langer Nachwirkung. Besonders
bedrückend war wegen der damit verbundenen Auswegslosigkeit die
Aussicht für die vom Lockdown betroffenen Branchen, bis hin zur
möglichen Insolvenz und gar der Aufgabe der Geschäftstätigkeit.
Hotels, Restaurants, Bars, Kulturtreibende und Kultureinrichtun-
gen, soziale Dienste, Sport und Veranstaltungen aller Art waren vom
Lockdown sofort und existenziell bedroht. Ebenso umfassend, aber
keineswegs kritisch begleitet wurde die Arbeitswelt mit der Homeofficepflicht in die Privatheit verlagert. In Schulen und Universitäten

wurde eine Fiktion der Normalität versucht, indem digitaler Unterricht auf Distanz nicht nur als Substitut geduldet, sondern als Zukunftsform propagiert wurde.

Diese Entwicklungen – die Bedrohung wirtschaftlicher Existenz, die Verpflichtung zum Homeoffice, die Gefährdung der Bildung – zeitigen weitreichende Folgen für das gesellschaftliche Leben.

- Die wirtschaftlichen Folgen sind für eine gewisse Zeit kompensierbar, wie es durch das Kurzarbeitergeld und zahlreiche Sonderhilfen versucht wurde. Längerfristig wirkt dies dort nach, wo sich infolge der Dauerhaftigkeit die Perspektiven grundlegend verändert haben. Das beeinflusst nicht nur die Unternehmen, sondern ebenso die Beschäftigten, die – nicht unähnlich der in den USA zu beobachtenden *Great Resignation* – die Pandemiesituation zum Anlass nehmen, ihre Arbeitsstelle zu hinterfragen, andere Optionen zu prüfen, woraufhin die Kündigungsbereitschaft und der Wille zum Jobwechsel stiegen.

- Das Profil des Fachkräftemangels hat sich insoweit verändert, als gerade auch Berufsgruppen mit geringerer Qualifikation erstmals vermehrt Möglichkeiten geprüft und genutzt haben, in andere Tätigkeiten und Berufe zu wechseln. Zugleich hat sich die Selbstverständlichkeit der Vollzeittätigkeit nach den Erfahrungen der zeitlichen Einschränkung der Arbeit weiter verringert, wie vielfach gerade bei jüngeren Arbeitnehmerinnen und Arbeitnehmern zu erfahren ist. Insofern hat die Pandemie am Arbeitsmarkt deutliche Spuren hinterlassen.

- Die Pflicht zum Homeoffice stellt einen gravierenden Eingriff in die betriebliche Autonomie dar und sie verstärkt jene Entwicklungen, die seit geraumer Zeit unter den Überschriften *New Work* und mobiles Arbeiten firmieren. Viele Unternehmen experimentierten mit der Kombination neuer Lösungen, als die Pandemie-Verordnung zum Homeoffice kam. Dadurch droht eine Spaltung der Belegschaften, aber vor allem, dass der Sinn gemeinsamen Arbeitens, Arbeit als soziales Erleben und die Bedeutung des Unternehmens als physischer Ort völlig in den Hintergrund geraten.

• Die Gefährdung der Bildung ist vom Bundesverfassungsgericht in seinem Urteil zu den Schulschließungen im Frühjahr 2021 thematisiert worden.[1] Dabei wurde erstmals ein »Recht auf schulische Bildung« abgeleitet, das der Staat mit gleichem Zugangsrecht zu gewährleisten habe und das ein Abwehrrecht »gegen Maßnahmen, welche das aktuell eröffnete und auch wahrgenommene Bildungsangebot einer Schule einschränken, ohne das [...] Schulsystem als solches zu verändern«, begründe. Das verlangt unverzichtbare Bildungsmindeststandards, vor allem aber macht dies klar, dass »der Digitalunterricht […] im Grunde eine schlechtere, nicht zu tolerierende Form des Schulunterrichts [ist]. Wenn Allgemeinbildung ausdrücklich mehr meint als nur Kenntnisse und Fertigkeiten, dann müssen auch alle Modi des Weltzugangs, auch die ästhetischen und historischen, kulturellen und pragmatischen, gesichert werden.«[2]

Allein das Verfassungsgericht hat darauf hingewiesen, was eigentlich als Normalität – hier im Bereich der schulischen Bildung – anzusehen ist, und dafür Orientierungen formuliert. Die Würdigung des Lernens in Präsenz und im Miteinander wird als wesentliche Voraussetzung für eine gesamthaft verstandene Bildung gesehen. Eine solche Vorstellung von Normalität fehlt für die innere Aufstellung von Unternehmen; auffallend defensiv agiert dabei ganz überwiegend das Management in den Unternehmen. Man will weder rückwärtsgewandt noch technikfern erscheinen. Doch bestimmen technische Möglichkeiten die Vorstellung innerbetrieblicher Bindung und die Kultur im Sinne des Unternehmenszwecks? Und müssen technische

Optionen umgesetzt werden, auch wenn sie grundlegend die Zeitstruktur und die Raumstruktur der Arbeitswelt verändern und damit
weit über die berufliche in die private Sphäre hineinwirken? Wenn
Unternehmen ihre Qualität als soziale Orte verlieren, dann müssen
Städte umso mehr als öffentliche Räume des realen Lebens gesichert
und entwickelt werden; zugleich muss auf die Entwicklung des ländlichen Raums geachtet werden, der gerade in Deutschland durch in-
dustrielle Entwicklung und Fertigung geprägt ist und damit anders
als in vielen vergleichbar entwickelten Ländern die ökonomischen
Potenziale mitbestimmt.

Diese Fragen werden uns im Weiteren beschäftigen. Zunächst ist
aber zu betonen, wie diese Entwicklungen letztlich das bedrohen und
zugleich fordern, was im Kern der skizzierten Modernisierungspro-
zesse der vergangenen zwei Jahrhunderte stand: Verstädterung und
Urbanisierung. Denn es sei daran zu erinnert, dass sich die Chancen
der Industrialisierung nicht in Kapitalakkumulation und Produk-
tivitätsgewinnen, im volkswirtschaftlichen Strukturwandel von der
Agrarwirtschaft zur Industrie und zum Dienstleistungssektor sowie
dem Ausbruch aus der Malthusianischen Falle zu nachhaltigem Bevölkerungswachstum erschöpften, sondern ganz fundamental die
Lebensweise und den Alltag der Menschen beeinflussten: kulturelle und kommunikative Verdichtung, Gewinn an Raumüberwindung durch neue Mobilität und Reisen, Gewinn an Lebenszeit und
Zeitsouveränität, Trennung von heimischer und beruflicher Sphäre,
Stärkung des öffentlichen Raums durch Abgrenzung und Sicherung
der Privatheit – all dies sind herausragende Kennzeichen der großen
gesellschaftlichen Modernisierung, die auf den Chancen der Industrialisierung ebenso fußte wie auf den revolutionären Durchbrüchen
zur politischen Selbstbestimmung und der individuellen Freiheit zur
Selbstermächtigung.

Der Schutz und die Würde des Einzelnen, seine Autonomie, seine
Freiheit, seine Rechte und Pflichten manifestieren sich in vornehms-
ter Weise in den Grundrechten unserer Verfassung. Im Ausnahmezustand der Pandemie kam es zu Grundrechtseingriffen, nachdem

der Bundestag eine »epidemische Lage von nationaler Tragweite« gemäß § 5 Infektionsschutzgesetz beschlossen hatte. Dieser Vorgang ist einmalig in der Geschichte der Bundesrepublik, allein das veranlasst zur Obacht und Zurückhaltung, zumal aus der Erfahrung von interessierter Seite abgeleitet wird, dass es in vergleichbar einzustufenden Krisen – gedacht wird an die Klimakrise – ebenso einfach gehen müsse, es nun keine Entschuldigung mehr gebe.[3] Hier zeigen sich grundsätzliche Risiken für die offene Gesellschaft, die aus der Pandemiepolitik nachfolgen können. Es entstehen fundamentale Ansprüche und Erwartungen selbsternannter Vetospieler wie Extinction Rebellion und die Aktionsgruppen Letzte Generation, die aber im Rahmen der Verfassungsordnung so jedenfalls nicht erfüllt werden können.[4] Neben der Legalitätslücke droht die kontraproduktive Wirkung, die sich aus der Ablehnung vieler gegen diese anmaßenden Protestformen bei gleichzeitiger Diskursschwäche der Aktivisten ergibt, den Aktionen die Legitimität im öffentlichen Raum zu nehmen.

Das führt zu der Feststellung, dass die Frage »Wann hört es auf?«[5] mit Blick auf die Pandemie vor allem demokratische Gesellschaften in ihrer Reife herausfordert und damit zugleich deren Funktionalität in existenziellen Grenzsituationen in Zweifel zieht. Denn das verabsolutierte Gesundheitsversprechen des Staates zu Beginn der Pandemie und der absolute Schutzanspruch des Einzelnen aus der Einsamkeit des Lockdowns müssen revidiert und realistisch umformuliert werden. So schwer es aufgrund der »zivilisatorischen Kränkung« durch Covid-19 ist, es geht nicht um Öffnungen – von Läden und Institutionen –, sondern vielmehr um die Rückkehr zur demokratischen Normalität, in der Freiheit nun einmal ohne Risiken nicht zu haben ist, in der das Schutzversprechen des Staates die Fähigkeit des Einzelnen zum Selbstschutz voraussetzt und in der allenfalls stichhaltige sowie überzeugende Gründe, die zudem jederzeit legitimierbar und überprüfbar sind, eine Einschränkung individueller Freiheit rechtfertigen. Die enge Null-Covid-Strategie in der VR China zeigt, wohin Absolutheitsansprüche führen: zu einem Verlust der individuellen Freiheit, der in Demokratie und Zivilgesellschaft des Westens weder vermittelbar noch hinnehmbar ist und selbst in China zunehmend auf Widerstand stößt, sodass ein Kurswechsel ab November 2022 unausweichlich wurde.

Doch zurück zu Verstädterung und Urbanisierung. Beide wurden im frühen 19. Jahrhundert möglich, weil immer weniger Menschen in der Landwirtschaft benötigt wurden und weil die Bewegung zwischen städtischen Standorten dank der Eisenbahn immer leichter auch für breite Bevölkerungsschichten möglich wurde. Mobilität, Reisen und Migration sind ein Signum der Moderne. Das Reisen von Stadt zu Stadt verhieß nicht mehr nur für die Eliten eine Mobilität zwischen vergleichbaren Lebensräumen, die in ihrer Infrastruktur und hinsichtlich der kulturellen Optionen durch einen gewissen Standard geprägt waren. Gleichzeitig wurde es möglich, unterschiedliche örtliche Funktionsbündel zu definieren und Leistungen an kritische Bevölkerungsgrößen (zentralörtliche Funktionen) zu binden. Offene Theater und Museen als Bürgerhäuser sind grundsätzlich nur in Städten möglich (und nicht mehr nur an Fürstenhöfen oder in Residenzen), sie finden dort ihre alltägliche Bedeutung; aber nicht in allen Städten kann alles vorgehalten werden. Die mit der Vulkantheorie verbundene Hierarchisierung der Städte – Zentren unterschiedlicher Reichweite der Raumwirkung – und die unterschiedliche Profilierung – wie sie heute in *Lifestyle Cities* denkbar ist – verlangen und fördern zugleich die Mobilität der Bürger.

Wer mobil sein kann, der verfügt über ein gewisses Maß an Zeitsouveränität, das die agrarische Welt nicht zu bieten vermochte. Der Zeitgewinn im Zuge der Modernisierung war gleichermaßen relativ wie absolut, denn einerseits konnte infolge der Produktivitätsgewinne vorhandene Zeit anders genutzt werden, andererseits führte die Verbesserung der Lebensverhältnisse zu einem seitdem unaufhaltsamen Anstieg der Lebenserwartung. Der erstmalige Gewinn an Zeitsouveränität stand eng im Zusammenhang mit der Auflösung des »ganzen Hauses« (Otto Brunner) als alltagsprägendem Ort der Vormoderne, in dem die private Lebensführung unter der Leitung des Hausvaters mit der Sicherstellung der wirtschaftlichen Grundlagen für die Familie vermischt war.[6] Diese Vermischung aufzulösen, war unvermeidbar ein Aspekt des aufkommenden städtischen Lebens. Mit der Änderung der Zeitstruktur ging zwingend die Änderung der Raumstruktur des alltäglichen Lebens einher.

Wohnung und Arbeitsstätte wurden (mit Ausnahme kleiner handwerklicher Betriebe) dadurch separiert, um überhaupt die kapitalgetragenen Produktivitätsgewinne durch Skalierung in der Produktion gewinnen zu können. Heimarbeit war die alte Welt, Fabrikarbeit beschrieb die neue Welt. Das aber hatte zur Folge, dass die Arbeitszeit geregelt werden musste, um verlässliche Bedingungen der Lebensführung zu haben. Manche reden von kapitalistischer Zeit und stellen diese der demokratischen Zeit gegenüber. Die Gestaltung der Wochen- und der Jahresarbeitszeit, die Verteilung im Wochenrhythmus und die Festlegung von nichtreligiösen Feiertagen waren – nicht verwunderlich – wichtige Kampfthemen für die aufkommende Gewerkschaftsbewegung. Denn verlässliche Zeitstrukturen und so gerahmte Zeitsouveränität eröffneten die Möglichkeit, am politischen und gesellschaftlichen Leben teilzuhaben und sich selbst kulturell, politisch und inhaltlich weiterzubilden.

Diese Chance, den Alltag zu strukturieren, immer öfter Neues zu wagen, immer mehr Freizeit zu haben, d. h. eine nicht institutionell vorbestimmte Zeitverwendung – all diese Möglichkeiten waren keineswegs nur als Entlastung wirksam. Wenn man sich den Alltag der agrarischen Welt vormoderner Jahrhunderte vergegenwärtigt, dann fällt auf, dass trotz der großen Bedrohungen Pest, Hunger und Krieg die Menschen eine lebensbewältigende Unterstützung aus den engen familiären und religiösen Bedingungen des »ganzen Hauses« erfuhren.[7] Kontinuität und Stabilität über die Generationen hinweg wurden auf die institutionelle Absicherung des Hofes und die Familienfolge gerichtet sowie durch stabile Rahmenbedingungen erreicht, indem für die grundlegenden Entscheidungen des Lebens Normen als unverrückbar definiert und akzeptiert wurden.

So blieben die kleinen Alltagswelten überschaubar und beherrschbar. Es ging um Heiratsstrategien, Erbfolge, Rollenträgerschaft des

Familienoberhauptes, Feiertage und die Struktur des Jahres. »Eingebundenheit unserer Vorfahren in christliche Glaubensvorstellungen [...] hieß gleichzeitig auch immer Eingebundenheit ihrer kleinen Welt, ihres Mikrokosmos, in eine große Welt, den Makrokosmos. [...] Zieht man Bilanz, so hatten es unsere Vorfahren einerseits mit den ›leichteren‹ unter den schweren Dingen im Leben ganz gewiss schwerer als wir, vor allem jenen, die mit der physischen Existenzsicherung zusammenhingen. Doch schadet es uns meines Erachtens nicht, wenn wir neidlos eingestehen [...], dass sie sich andererseits mit den ganz schweren Dingen, mit Sterben und Tod leichter taten als wir. Ihre Welten waren physisch zwar kleiner als die unseren, aber ihre Weltanschauung reichte unendlich viel weiter als unsere.«[8]

Unser Gewinn an Lebenszeit, und zwar an individuell zu gestaltender Lebenszeit, wie er sich seit der Industrialisierung über zwei Jahrhunderte entwickelte, führt nicht nur zu der Frage nach der sinnhaften Verwendung der Zeit, sondern ebenso zu der Frage nach dem Umgang mit Enttäuschungen, die wegen der fehlenden Selbstverständlichkeit inhaltlich erfüllender Lebenszeitgewinne drohen. Der Verlust der religiösen Vorstellung vom jenseitigen Leben – der »transzendentalen Lebenswelt« – als dem wichtigeren lässt die irdische Lebenszeit trotz ihrer Expansion als unzureichend erscheinen für all das, was getan werden kann und soll. Die von Hans Blumenberg 1986 diagnostizierte Zeitschere zwischen Lebenszeit und Weltzeit wurde relevant infolge der Säkularisierung der Zeit sowie der Abkopplung von der »transzendentalen Lebenswelt« und erlangte eine zunehmende Spannung in der Modernisierung der letzten zwei Jahrhunderte. Was uns bleibt, »was uns immer wieder herzustellen gelingt, sind ›lebensweltliche Sachverhalte‹, die Blumenberg im Unterschied zur prototypischen ›transzendentalen‹ Lebenswelt auch als ›alltägliche‹ oder ›empirische Lebenswelten‹ bezeichnet. In diesem Sinne ist ›die Destruktion der Lebenswelt niemals vollendet‹ und ›ihre Restruktion gegenläufig ständig im Gang befindlich.‹«[9]

Der Verlust an – religiös begründeten – Lebenswelten im Jenseits und der Gewinn an Lebenszeit im Diesseits fordern den Menschen heraus: »Da im Zuge der Säkularisierung unserer Lebensläufe der irdische Teil gleichzeitig auch der wichtigste, weil einzige Teil geworden ist, hat unser Körper und alles, was mit ihm zusammenhängt, als Folge hiervon eine ungeheure Aufwertung erfahren, angefangen bei der Ernährung und Bekleidung, über Trimm-Dich-Pfade und Erholung bis zu Kosmetik und – mit geballtem Kompetenzanspruch – zur Medizin.«[10] Mit der Verdrängung des Todes aus dem Leben änderten sich die Städte, indem Begräbnisse aus deren Mitte an den Rand oder außerhalb der Stadtmauern verlegt sowie gesonderte Sterbehäuser eingerichtet wurden; Friedhöfe wurden von einem öffentlichen zu einem geschlossenen Platz. Der Tod als Grenzsituation des Lebens wurde regelrecht aus dem Blick des Alltags an dessen Rand verbannt; ein Verlust, der sich in der Pandemie besonders zeigte.

Urbanisierung, Mobilität, Gewinn an Lebenszeit und an Zeitsouveränität sind zentrale Kennzeichen der Modernisierung, die nicht unabhängig voneinander gedacht werden können. Zusammen erklären sie die Dynamik und die Diskontinuitäten der Moderne, und zwar durch die Geschwindigkeit des Wandels sozialer Ordnungen und Systeme, durch die geografische Reichweite des Wandels sozialer Umgestaltung und durch die Schaffung gänzlich neuer, nichttraditionaler Institutionen. Mit dieser Dynamik und den Diskontinuitäten müssen die Menschen in der Moderne selbst fertigwerden, transzendentale Weltanschauungen helfen ihnen dabei nicht mehr oder kaum noch. Manche retten sich deshalb gerne und selbstverständlich in die Einsamkeit.

Es wäre naiv zu hoffen, dass aus der Not der empfundenen Überforderung des Einzelnen eine Stärkung religiöser Bindungen folgen könnte. Nichts spricht heute dafür, nichts dergleichen erkennen wir. Die großen Religionen – jedenfalls in ihrer christlich institutionell verfassten Form – verlieren fortlaufend an Bindungswirkung; die Belastung der katholischen Kirche durch die Missbrauchsskandale und die Reaktionen darauf sowie die Verdrängung des missionarischen Auftrags durch allgemeine politische Mandate in der evangelischen Kirche sind der Nährboden für den Bedeutungsverlust. Kompensationen

findet die moderne Gesellschaft in den schon adressierten engen Gemeinschaften, deren Botschaften als Pseudotheorien simpel, profan
und wärmend sind. Gerade darin scheint das Bindungsgeheimnis zu
liegen: einfache Lösungen für eine komplexe Welt. Die Antworten
sind mehr Reaktionen auf die Wahrnehmung, dass »die Moderne ein
Projekt der Fortbewegung« ist, bei der »es immer wieder neue Risiken,
böse Überraschungen und unvorhersehbare Ordnungsdefizite« gibt.[11]
   Im Grunde richtet sich alles menschliche Bemühen gegen die
Kontingenz der Welt. In vormodernen Zeiten half dabei der unendli-
che zeitliche Horizont der christlichen Weltanschauung für das Leben
hienieden und im Jenseits. In der Moderne ist der Mensch nun auf
seine irdische Lebenszeit verwiesen und damit auf Hilfskonstrukte
anderer Art, die ihn nicht nur entlasten, sondern ihm auch sicheren
Halt geben: der öffentliche Raum mit all seinen Ausstattungsmerk-
malen und wirksamen, überlieferten Erzählungen. Dazu gehören die
Infrastrukturen, das Rechtssystem, aber auch ein Bildungssystem,
das – weil es neben der Vermittlung von Wissen die Selbststeuerungs-
fähigkeit des Einzelnen in der Gesellschaft adressiert – ein Grundver-
trauen in das menschliche Miteinander im Sinne der Kooperation
begründet, aber ebenso die Wissenschaft, jenes Versprechen auf tieferes Begreifen der Welt. All dies kann jedoch Sicherheit und Stabilität
nur befristet, nur auf Zeit gewähren, sodass immer wieder »der unge-
heuerliche Mangel des Einzelnen, die Welt zu begreifen, schmerzhaft
spürbar« wird.[12] Dies halten wir indes nur aus, weil kompensatorisch
zum kontingenzbedingten Stress des Alltags »die Moderne immer
wieder an[kommt], und überall [...] normale, alltägliche Ordnungen
und Routinen [entstehen], an denen sich Menschen orientieren«.[13]
   Das Immer-wieder-Ankommen der Moderne hat viel mit der
Existenz von Städten zu tun, die allein durch ihre Gegenwärtigkeit
und mit dem in Stein gehauenen respektive in Beton gegossenen
Anspruch auf Dauerhaftigkeit den Menschen nicht nur Zuflucht
bieten und wirksame Integrationsangebote machen, sondern auch
Vertraulichkeit und sichere öffentliche Räume offerieren. Das, was
die Modernisierung der vergangenen 200 Jahre herausgebildet hat

und was angemessen mit der ökonomischen Theorie für Innovation und Wachstum zu erklären ist, das hilft auch im Umgang mit der gewonnenen Lebenszeit sowie Zeitsouveränität. Und schließlich bietet es jenen elementaren gesellschaftlichen Schutz für den ins Nichts gestellten Menschen mit seiner »exzentrischen Positionalität« (Plessner).

Dazu gehört Distanzschaffung über eine gesicherte Privatheit zum öffentlichen Raum. In (europäischen) Städten erweist es sich wegen der Dichte der Bevölkerung und der gegenseitigen Abhängigkeit als besondere Herausforderung, Privatheit als geschützten Raum zu gewährleisten. Die »Unverletzlichkeit der Wohnung« ist deshalb keine späte Errungenschaft von Demokratie und Rechtsstaat, sondern war bereits früh in Verfassungstexten enthalten; so in der Paulskirchenverfassung (§ 140) von 1849 und in der Preußischen Verfassung (Art. 6) aus dem Jahr 1850, von dort über die Länderverfassungen des Deutschen Reiches und die Weimarer Verfassung bis ins Grundgesetz. Wenn die Grenze zwischen privatem Leben und öffentlichem Raum schwindet, unscharf wird und nach beiden Seiten mäandert, dann ist die Unverletzlichkeit der Wohnung gefährdet, wie die Diskussion über Datensouveränität und die Gestaltung von Homeoffice zeigt. Der Überfall auf die Ukraine hat dazu die schreckliche Erfahrung neu begründet, dass auch im 21. Jahrhundert die physische Unversehrtheit der Wohnung gefährdet sein kann. So unterschiedlich die Bedrohungswirkungen für den Einzelnen sind, so oder so kann die geschützte Privatheit heute nicht als Selbstverständlichkeit angesehen werden.

Die moderne Massengesellschaft hat die Beziehungslosigkeit des Menschen auf eine besondere Stufe getrieben und dadurch »die Menschen nicht nur ihres Platzes in der Welt beraubt, sondern ihnen auch die Sicherheit ihrer eigenen vier Wände« genommen.[14] Die Bedrohung des Öffentlichen und die Bedrohung des Privaten können sich parallel ergeben, sind keineswegs nur kompensatorisch sowie im Wechselspiel vorstellbar. »Es scheint im Wesen der zwischen den Bereichen des Privaten und des Öffentlichen obwaltenden Bezüge zu liegen, dass das Absterben des Öffentlichen in seinen Endstadien von einer radikalen Bedrohung des Privaten begleitet ist.«[15] Diese Einschätzung mag überraschen, bei näherer Betrachtung gewinnt sie aber stringent an Plausibilität. Denn die Robustheit des einen wie des anderen, des Öffentlichen wie des Privaten, ist – wie bereits verschiedentlich deutlich wurde – nicht unabhängig voneinander.

War in der vormodernen Welt der private Lebensraum und seine eigentumsrechtliche Basis vor allem ein privates Thema und Anliegen, so ändert sich dies mit der Modernisierung, zu der zentral die Herausbildung der Gesellschaft gehört. Der öffentliche Raum gebietet nicht nur Sicherheit, indem das Private, die Privatheit und das Privateigentum eine Wahrnehmung und einen Schutz auf Basis der Gegenseitigkeit erfahren, sondern Stabilität, indem er das Grundsätzliche in sich trägt und präsentiert – Politik, Rechtssystem und Verwaltung. Die Sicherheit und die Robustheit des öffentlichen Raums beruhen auf der geronnenen Erfahrung der Vergangenheit; mit anderen Worten: Der öffentliche Raum präsentiert die Weltzeit; direkt insofern sie sich auf die Vergangenheit erstreckt und indirekt über die Prägung der Zukunft. Denn der öffentliche Raum steht für Dauerhaftigkeit.[16]

Aus diesen Überlegungen leitet sich die Einsicht ab, dass sich Privatheit und öffentlicher Raum in der modernen Gesellschaft in existenzieller Weise gegenseitig bedingen. Die grundsätzliche Unterscheidung beider Lebensräume und deren praktische Separierung dienen deshalb nicht einer primär theoretischen Präferenz, sondern der Funktionalität beider Sphären. Der öffentliche Raum respektive die Öffentlichkeit sind systematisch und in ihrer historischen Ausprägung vielfach beschrieben worden, die Privatheit segelt dabei meist nur im Windschatten mit.[17] Der Strukturwandel der Öffentlichkeit (Jürgen Habermas) hat aber nicht nur Folgen für die Gestaltung und Verborgenheit des privaten Lebens, vielmehr gilt ebenso, dass die Autonomie und die Gestaltungshoheit über das private Leben das Öffentliche prägen. Der öffentliche Raum verändert sich strukturell, weil städtische Zentren ihre kommunikative, kollaborative und integrierende Wirkung verlieren oder weil die digitale Globalisierung mit immobiler Sesshaftigkeit vereinbar ist. In diesem technisch bedingten

Wandel öffnet sich das private Leben nicht nur kommunikativ und bildlich, sondern der Einzelne droht dabei seine Kontrollhoheit zu verlieren, und das private Leben verschmilzt zunehmend mit dem beruflichen und dem öffentlichen Leben. Die Balance zwischen beiden Seiten des Lebens durch Homeoffice (*Remote Work*) und eine umfängliche Arbeitszeitflexibilität sind nicht mehr systematisch zu trennen. Und genau hier wirkt die Pandemiepolitik ein, indem sie bereits zuvor wirksame Trends individualisierter Arbeitswelt verstärkt oder prägt.

Die Pandemie und mehr noch deren Bekämpfung verlangten *Social Distancing.* Das war im Grundsatz unbestritten, weil die autonomen Verhaltensanpassungen der Menschen zwar beachtlich sind, jedoch nicht das mit Blick auf die soziale Rationalität und das gesellschaftliche Optimum erforderliche Ausmaß erreichen. Gestritten wurde aber über die Länge des Lockdowns, über seine Generalisierung, über den Verzicht auf differenzierte Antworten.[18] Bei der Betrachtung der Folgen ging es öffentlich und medial vor allem um die Existenzsorgen der Gewerbetreibenden in den von der Pandemie besonders stark betroffenen Branchen. Die Politik vermittelte den Eindruck, angesichts scheinbar unbegrenzt verfügbarer finanzieller Mittel wäre dies aber kein Problem.

Das war ein fundamentaler Irrtum, denn er übersah die strukturellen Wirkungen auf die Städte sowie vor allem das städtische Leben, und er übersah erst recht die ebenso nachhaltig drohenden Folgen der Entgrenzung von Freizeit und Arbeit, von Privatheit und Öffentlichkeit. Und kein Gewerbetreibender will sein Geschäft länger einzig durch Subventionen getragen sehen, er wird über kurz oder lang nach Alternativen suchen. Je mehr aufgeben, desto größer ist der Flurschaden. Dann kommt eines zum anderen: Gaststätten und Bars, Kinos und private Theater schließen, der stationäre Einzelhandel – ohnehin durch Onlineplattformen unter Druck – verliert sein attraktives Umfeld.[19] Messen und große Veranstaltungen, sportliche Betätigung in Vereinen und Sportereignisse und vieles mehr sind infrage gestellt. Die Nachwirkungen des Lockdowns sehen wir in Hotels, Restaurants, Kneipen, im Veranstaltungsgewerbe, in der Kultur:

Überall haben nicht wenige Menschen das Zutrauen in die Stabilität der Geschäftstätigkeit verloren und andere Optionen gesucht; so war auch im Sommer 2022 vieles geschlossen.

Hinzu kommt, dass durch das Homeoffice und den Distanzunterricht der Trend verstärkt wird, die Innenstädte veröden zu lassen, jedenfalls ihnen den Agglomerationsvorteil aufgrund zufälliger und beiläufiger Kommunikation zu nehmen. Die daraus möglicherweise folgende Geringschätzung der Präsenz – der »breiten Gegenwart« – und der umfänglichen gegenseitigen Wahrnehmung kann tieferen Schaden anrichten. Während dies in den Unternehmen unter scheinbar vorwärtsgewandten Bezeichnungen wie *New Work* noch den Appeal vermittelt, technisch auf der Höhe der Zeit zu sein, stehen dem in der schulischen Bildung zu viele schlechte Erfahrungen des digitalen Distanzunterrichts entgegen. Im öffentlichen Diskurs wird dies nicht selten der unzureichenden technischen Ausstattung unserer Schulen und mangelnder Digitalisierung zugeschrieben, dabei gilt die fundamentale Einsicht, dass Digitalunterricht – ob an den Schulen oder an den Universitäten – im Kern an einem umfassenden Bildungsverständnis vorbeigeht.[20] Die Mängel an Bildungsqualität und Bildungsintensität durch den Verlust an gemeinsamer Erfahrung, gemeinsamem Erleben, gemeinsamem Suchen und Spüren haben gesellschaftliche Qualität, weil sie eine ganze Generation betreffen. Und der drohende Verlust an Unternehmenskultur mangels gemeinsamen Arbeitens kann in größere Dimensionen hineinwachsen, wenn die Unternehmen es nicht schaffen, dies offensiver zu gestalten.

2. Systemwettbewerb von innen: Bruchlinien in den Gesellschaften des Westens

Die These, die sich aus der Dominanz des privaten Lebensraums und dem Ersatz sozialen Lebens durch heimische Einsamkeit ableitet, lautet: Der drohende Verfall städtischer Zentralität ist mehr als nur eine phasenweise Ruhigstellung und damit eine Unterbrechung etablierter sozialer Normalität. Vielmehr ist damit zu rechnen, dass sich die Qualität der Städte als Zentren kulturellen, gesellschaftlichen, wissenschaftlichen und wirtschaftlichen Lebens verändern wird. Und das hat angesichts der enormen Bedeutung der Verstädterung und Urbanisierung für die globale Moderne weitreichende Folgen für die seit 1980 laufende zweite Globalisierung. Die Erschöpfung der Globalisierung erfährt damit von ungeahnter Seite eine Unterstützung, wenn die Knotenpunkte weltweiter Netze – als solches fungieren unverändert die Metropolen, aber ebenso Städte von geringerer Größe – so geschwächt werden. Der Glaube, die Digitalisierung mit ihren Kommunikationsmöglichkeiten könne das ersetzen, erscheint aus den bereits genannten Gründen zumindest als naiv und ist bestenfalls vordergründig plausibel.

Städte und urbanes Leben sollen Räume gesicherter Freiheit sein. »Stadtluft macht frei nach Jahr und Tag«, so hieß es im Mittelalter. Urbanes Leben verschafft durch Vielfalt in der städtischen Einheit jene Sicherheit, die der Furcht vor der Fern- und Fremdbeeinflussung entgegenwirkt; so können wir es heute formulieren. Das spiegelt sich in den gesellschaftlichen Verwerfungen, die sich mit der Globalisierung der vergangenen Jahrzehnte in den Industrieländern entwickelt haben. Denn der Anpassungsdruck zunächst durch die Importe aus Ländern mit geringeren Arbeitskosten und einem großen Angebot an weniger qualifizierten Arbeitskräften, sodann durch die Zuwanderung von arbeitswilligen Menschen hat in den etablierten Ökonomien vor allem jene wirtschaftlich getroffen, die weniger flexibel und nur begrenzt anpassungsfähig sind, die weniger bzw. nicht so selbstverständlich auf Bildungs-, Gesundheits- und Geldressourcen zurückgreifen können. Zu diesen *Somewheres* (dt. etwa die »Dagebliebenen«), wie der britische Journalist und Sachbuchautor David Goodhart eins der beiden Lager bezeichnet, in die er westliche Gesellschaften einteilt, gehören Menschen, die aus vielfältigen Gründen an einem Ort geblieben sind, »die stärker verwurzelt und weniger gebildet« sind.[21] Dagegen zeichnen sich die gut ausgebildeten und überaus mobilen *Anywheres* (im Sinne von »polyglotte Überalls«) dadurch aus, dass sie ortsungebunden sind und »an jedem beliebigen Ort der Welt zuhause sind oder sein könnten«. Sie erweisen sich als optimistisch, divers, dynamisch und erwartungsvoll, vorwärtsblickend – als urbane Elite und als besonders selbstbewusste »Singularitäten«, die ganz wesentlich die Globalisierung tragen, und zwar politisch, ökonomisch, gesellschaftlich und kulturell.

Die Herausforderung liegt nun darin, aus dieser Perspektive ein tragfähiges und akzeptables Angebot für die *Somewheres* zu machen. Das ist bisher kaum gelungen, jedenfalls in den meisten entwickelten Gesellschaften nicht, stattdessen manifestieren sich gesellschaftliche Gräben, wie im Vereinigten Königreich (Midlands), in Frankreich (Nordosten), in den Vereinigten Staaten (Rustbelt, Fly-Over-States). Das lenkt den Blick auf die regionale Entwicklung, um die unterschiedlichen Lebensräume miteinander verbinden und gesamthaft betrachten zu können. Eine wichtige Rolle spielen dafür die Städte, wenn dort glaubwürdige Sicherheitsoptionen für die sozialen Spannungsfelder offeriert und Anknüpfungspunkte für die ländlichen Räume – im Sinne der Vulkantheorie – geschaffen werden können. Urbanisierung ist dafür neu zu denken, um die globale Moderne zu sichern: offen für das regionale Umfeld, sozial und identitätsbezogen divers, kulturell integrierend, unterschiedliche Dynamiken des Wandels verbindend.

Es muss gelingen, dass die *Somewheres* nicht nur in rückwärtsgewandten Utopien ihre Antworten – oder genauer: ihre vermeintliche Sicherheit und Identität – suchen, sondern in einer inklusiven Urbanisierung, die das Netz aus den Städten in den ländlichen Raum spannt und diesen nicht ignoriert. Hier beginnt konkret die gesellschaftliche Arbeit für eine künftige Globalisierung, denn Städte sind die partizipativen Experimentierräume für eine öffentliche Kommunikation, die der Fragmentierung und Individualisierung der sozialen Medien entgegenwirken, für eine bildungspolitische und zivilgesellschaftliche Integration, die der Migration ihre

Sprengkraft nimmt, und für eine klimapolitische Lösung, die sozial verträglich ist. Doch die Städte sind in ihrer sozialen Funktion bedroht, wenn Integrationskräfte schwinden und Quartiere durch soziale, ethnische und demografische Segregation geprägt sind.[22] Projekte wie das Städtebauförderungsprogramm »Soziale Stadt« (zwischen 1999 und 2019 unterstützten Bund und Länder die Stabilisierung und Aufwertung städtebaulich, wirtschaftlich und sozial benachteiligter und strukturschwacher Stadt- und Ortsteile) versuchen darauf zu antworten, indem städtebauliche und soziale Planung als ganzheitlicher, dynamisch-lernender Prozess unter Einbindung aller Akteure verstanden und organisiert wird. Kommunen sind mit ihren Entwicklungsstrategien ebenso gefordert wie die Landesplanung.

Aber nicht nur das wirkt. Denn die Begeisterung über die neuen Freiheiten der Arbeitswelt und den Zugewinn an Arbeitszeitsouveränität findet sich vor allem bei den *Anywheres*, bei jenen, die ihren Identitätsanspruch dadurch leichter umsetzbar sehen und dafür gerne den Gewinn der Moderne in der Trennung von Privatheit und Öffentlichkeit aufgeben – jedenfalls soweit sie darüber eine scheinbare Entscheidungsgewalt haben; hier schmerzt der Abschied von der Individualmobilität weniger, mag sogar als trendig-angesagt bewertet werden. Die *Somewheres* sind dagegen schon aufgrund ihrer Wohnverhältnisse und -quartiere weniger in der Lage, das Homeoffice als Erlösung zu sehen, selbst wenn die infrastrukturellen Voraussetzungen überhaupt die Möglichkeit dazu bieten; die Nutzung des öffentlichen Personennahverkehrs wird zum schichtenspezifischen Phänomen. Denn sie gehen häufiger praktischen Tätigkeiten nach, die sich nur in der Werkstatt und der Werkshalle erfüllen lassen. Die gesellschaftliche Spaltung vertieft sich, und damit gibt es neben dem ländlich-peripheren Raum eine zweite Interessenlage, die den Abschied von der Öffentlichkeit der Moderne keineswegs kritisch sehen muss.

Es zeigt sich, dass die Pandemie nicht nur Druck und Stress für bestehende Strukturen auslöst sowie Trends im Wandel verstärkt, sondern deren Wirkung auf die Lebenswelten umdrehen kann. Während die digitale Transformation für sich genommen die Bedeutung von Städten erster Ordnung durch Agglomerationsvorteile förderte, scheint sich das nun durch die Pandemie zu wandeln. Jedenfalls ist das Potenzial gegeben, unabhängig von zentralörtlicher Dichte Wachstum zu generieren. Die Rückkehr in das »ganze Haus« war unter den Bedingungen der Pandemie ein angemessener Schritt, um das Infektionsrisiko zu senken, sie hat zugleich dazu geführt, dass alle zur gleichen Zeit eine kommunikative Vernetzung über digitale Plattformen suchen mussten. Das hat Verhalten geprägt, Gewohnheiten infrage gestellt, neue Muster der Kommunikation und Kooperation begründet. Doch wie weit trägt diese Perspektive und ist sie wirklich so überzeugend? Eine Antwort dazu lässt sich finden, wenn man nach dem funktionalen Vorteil, dem Nutzengewinn durch eine Technologie unter bestimmten Bedingungen fragt. Beides zusammen – die spezielle Technologie und die spezifischen Bedingungen – definiert eine Konstellation, deren Fortbestand jeweils infrage gestellt werden kann, sodass sich die Vorteilswahrnehmung verändert.

Was die Technologie anbietet, wird angewendet, wenn es nutzt und als nützlich bewertet wird. Nutzen und Nützlichkeit bemessen sich an den Präferenzen und Erwartungen der Menschen, die nun durch die Pandemie verändert werden konnten. Neben den sozialen Strukturen und ihren Präferenzwirkungen ist dieses Miteinander aber ganz ursprünglich durch die Art der Technologie geprägt. Das regt einen besonderen Blick auf das Zusammenspiel einer neu respektive erweitert erfahrenen Basistechnologie und den damit einhergehenden ideengeschichtlichen Manifestationen an. Technik entsteht nicht einfach und wird genutzt, darin inkorporierte Ideen erlangen nicht kuppelproduktionsbedingt einfach Relevanz. Es bedarf für eine neue Realität – wie den Verlust der Urbanität und der Funktion der Städte – vielfältiger Wechselwirkungen zwischen Ideen, Vorstellungen, Bedarfen, Präferenzen, sozialen Strukturen und Technologien. Dabei muss die Nutzung der Technologie jenen elementaren Prozess des Denkens unterstützen, der aus Daten Informationen macht, wenn diese Daten das Erkennen von Mustern als Wirkungszusammenhängen befördern.

Die Digitalisierung – Nutzung der neuen Digitalität zur Entwicklung von plattformgestützten Geschäftsmodellen und Märkten mit proprietärem Charakter[23] – lässt durch die nahezu kostenfreie Vervielfältigung beachtliche Produktivitäts- und Innovationseffekte zu, weil datenbasiertes Wissen effizient und ohne Rivalitätseffekte gleichzeitig vielfach genutzt werden kann; zugleich wird in vernetzten Strukturen Wissen zwischen den Teilnehmern ausgetauscht. Es kommt zur Wissensdiffusion, die »Informationsproduktivität« wird riesig.[24] So entsteht gemeinsames intellektuelles Kapital, was von vielen zur Entwicklung eigener neuer Ideen oder Geschäftsmodelle genutzt werden kann. Wegen der offenen Verfügbarkeit der Daten, der Informationen, des Wissens wird es aber notwendig, Unterscheidungen, Merkmale oder Besonderheiten zu produzieren, um Aufmerksamkeit und damit Zahlungsströme zu generieren.[25] Jede Form der Individualisierung von Daten offeriert die Chance dazu. Distinktionen werden ökonomisch relevant und begründen Geschäftsmodelle, die »Gesellschaft der Singularitäten« findet wirtschaftlich ihren Ausdruck.

Zudem erhöhte sich das Potenzial für (intransparente) Fernbeeinflussungen und Kontrolle der konkreten Lebenssituation, aber auch die Anpassungsflexibilität angesichts komplexer Netzwerke und neuer Steuerungsoptionen. Es verbindet sich damit die gänzlich neue Perspektive der Big-Data-Analytics, denn ungeheure Datenbestände eröffnen neue Analysepotenziale und Möglichkeiten der Informationskontrolle des Alltags. Erst durch die Möglichkeiten der Datengenerierung in Echtzeit, deren Speicherung und deren Befragung entstehen jene auf Algorithmen basierenden rückkoppelnden und selbstlernenden Systeme. Hier liegt der ökonomische Kern der »Überdynamisierungskrise«, die sozioökonomische und soziokulturelle Aspekte vereint.[26] Die aktuell nur erahnbaren Potenziale des Metaverse mit der systematischen Nutzung der Extended Reality (*Virtual Reality*, *Augmented Reality*) lassen sich nur erahnen; die Auswirkungen auf gesellschaftliche Realität und Alltagsbewältigung im öffentlichen Raum können positiv wie negativ beschrieben werden.[27] Der verantwortliche Umgang damit dürfte umso besser gelingen, je bewusster sich die Gesellschaft über die Bedeutung des öffentlichen Raums ist, um daran Nutzen und Nachteil zu bemessen.

Welche Folgen hat die so charakterisierte Netzwerkkommunikation für die Öffentlichkeit? Öffentlichkeit konstituiert sich im Gespräch, dafür bedingt sie das Prinzip des allgemeinen Zugangs und kann deshalb als Raum öffentlicher Meinung erst seit der revolutionären Epoche 1750 bis 1850 identifiziert werden.[28] Die Bedeutung der Öffentlichkeit skizziert Jürgen Habermas wie folgt: »Die sozialstaatlichen Massendemokratien dürfen sich, ihrem normativen Selbstverständnis zufolge, nur solange in einer Kontinuität mit den Grundsätzen des liberalen Rechtsstaates sehen, wie sie das Gebot einer politisch fungierenden Öffentlichkeit ernst nehmen«; insofern ist Öffentlichkeit ein zentrales Organisationsprinzip der demokratischen Ordnung, doch »Tendenzen des Zerfalls der Öffentlichkeit sind unverkennbar: Während sich ihre Sphäre immer großartiger erweitert, wird ihre Funktion immer kraftloser.«[29] In der Epoche der digitalen Transformation stehen solchen Merkmalen des Zerfalls – Individualisierung, Fragmentierung der Kommunikation durch selbstbespielte Medien (*User Generated Content* wie etwa Bilder, Blogartikel, Videos, Bewertungen und Kommentare), Aufmerksamkeitsökonomie, Gemeinschaften in autonomen Echokammern, Verlust an gesellschaftlicher Öffentlichkeit – freilich ebenso ausgleichende Entwicklungen gegenüber – Vertrauensbildung in digitalen Märkten, Transparenzgewinn über politische Strukturen und Entscheidungen, Beschleunigung sozialer Innovationen, Beherrschung von Komplexität.

Digitale Transformation – basierend insbesondere auf selbstlernenden Systemen über softwarebasierte Prozesse sowie Algorithmen (Automatisierung intelligenten Verhaltens, maschinelles Lernen) –

erfasst den öffentlichen Raum mit widersprüchlichen Wirkungen: mit Zerfall und Stärkung zugleich.[30] Diese Ambiguität findet sich nicht nur auf der Ebene des Makrosystems Gesellschaft, sondern ebenso in den mikrosoziologischen Bedingungen des Einzelnen, der schneller und umfassender informiert wird, gleichzeitig kommunizieren, konsumieren, handeln und steuern kann, aber ebenso informationell überfordert und kommunikativ fehlorientiert werden kann oder sich in Echokammern gemeinschaftlicher Enge und Begrenztheit einrichtet. So wie jeder basistechnologische Sprung – Elektrifizierung oder Automatisation – immer sowohl mit ökonomischen und gesellschaftlichen Fortschritten verbunden war als auch Rückschritte über Ausgrenzung und neue Abhängigkeiten verursachte, so gilt dies für die digitale Transformation. Dabei fügt sich diese in die große Fortschrittsgeschichte der Moderne: »Die Vernetzung der Individuen und der Organisationen, das Internet als experimenteller Raum für neue Identitäten und Kooperationen, schließlich eine grenzüberschreitende, die Demokratie vitalisierende Kommunikation – dies alles waren die Hoffnungen der Tech-Euphorie. [...] Die liberale Fortschrittserzählung ist nicht falsch. Aber trotzdem kann es sich nicht um die ganze Wahrheit handeln.«[31]

Das Erstaunliche liegt darin, dass der technologische Fortschritt unserer Zeit – der Wandel von der analogen zur digitalen Welt – als große Verheißung daherkommt, weil die Freiheitsgewinne scheinbar grenzenlos und die Zugewinne an Steuerungskompetenz in einer immer komplexer sowie unübersichtlicher werdenden Welt eindrucksvoll sind. Dennoch scheint diese Verheißung an Glanz und Überzeugungskraft verloren zu haben. Entgrenzungen, Gleichzeitigkeit, Fernbeeinflussung und kulturelle Diversifizierung, Überlagerung und Bedrängung der Privatheit sowie ein Systemwettbewerb verursachen ein Grundgefühl der Störung, das sich sowohl politisch in Haltung und Positionen wie gesellschaftlich in Verhalten äußert. Es sind Ordnungsverluste, die sich als Folge des Fortschritts gegen diesen wenden und der Beantwortung harren. Die

Orientierungshilfe, die in der digitalen Welt durch Algorithmen, lernende Prozesse sowie Plattformen und Künstlicher Intelligenz angedient wird, kann allerdings keine Kompensationswirkung entfalten, weil sie lebensfremd den Zufall ausschließt.

Der Wettbewerb in Märkten für Güter und Dienstleistungen, die den artikulierten Präferenzen der Nachfrager am besten entsprechen, wandelt sich mit der digitalen Transformation zu einem Mechanismus, der Präfenzen bildet, statt sie zu reflektieren und zu öffnen. Das aber ist kein »Aufklärungsgewinn«, der gerade darin besteht, »die Paradoxien und Ambivalenzen sichtbar zu machen, dadurch auf sie reflektieren zu können und über diesen veränderten Blick auf die Lage der Dinge realistische Schritte zu ihrer Veränderung zu ermutigen«.[32] Die digitale Welt vermeidet scheinbar diese Konflikte, weil Alternativen ausgeschlossen oder stark eingeschränkt werden, indem aus den eigenen Konsummustern wie denen von Millionen Mitmenschen scheinbar konsistente und deshalb zwingende Handlungsoptionen angeboten werden.

Was in der Konsumwelt ausgeprägt ist und durch die Möglichkeiten der Big-Data-Analysen ermöglicht wird, das findet in der sozialen Welt seine Entsprechung in der kommunikativen Engführung der Diskurse in selbstbezüglichen Gemeinschaften[33] mit begrenzter normativer Weite oder gar der Abgrenzung zu anderen wertebasierten Positionen sowie biografischen Herkünften. Die scheinbar neuartige Individualisierungskraft eines Konsums, der nicht durch den Zweifel aus Alternativen oder Zufällen angekränkelt ist, wird in der sozialen Kommunikation durch die Fragmentierung der Diskurszusammenhänge und die damit einhergehende – limitierte, gemeinschaftsbezogene – Polarisierung der Meinungsvielfalt gespiegelt. Die Technik der digitalen Welt vermittelt durch die skalierungsträchtigen Geschäftsmodelle der GAMAM-Konzerne (Google, Amazon, Meta, Apple und Microsoft) des Silicon Valley weit mehr als nur Beschleunigung, Transparenz, Echtzeit-Rückkopplung und Komplexitätsbeherrschung. Sie rüttelt an den Grundfesten unserer Wirtschafts- und Gesellschaftsordnung und stellt damit die Frage, mit welchem Marktmodell und welcher Interaktion von Demokratie und Marktwirtschaft hier gehandelt wird und wohin dies führt. Ein Systemwettbewerb von innen – durch soziale Gemeinschaften im Gegeneinander sowie in Frontstellung zur Gesellschaft – stellt Demokratie und Marktwirtschaft auf den Prüfstand.

Dieser interne Systemwettbewerb kann als Antwort auf die gesellschaftlichen Trends der Moderne gedeutet werden: Denn der Bedarf an Sicherheit – im Sinne von Stabilität der elementaren Lebensbedingungen und ihrer gesellschaftlichen Einbettung – wird scheinbar in den Gemeinschaften gedeckt, die sich durch klare Prinzipien und teilweise Abschottung von der offenen Gesellschaft unserer Zeit absetzen – seien es politisch extreme, fast sektenhafte Formationen, seien es die Bünde digitaler Echokammern. Die Digitalisierung schafft dafür neue, niederschwellige Optionen, weil die Suche nach Menschen mit vergleichbaren Präferenzen schneller und effektiver gelingt. So entsteht in der Wahrnehmung der Teilnehmer jene grundsätzlich präferierte relative Dauerhaftigkeit der Lebensumstände. Gleichzeitig ermöglicht die digitale Transformation jene individuelle Steuerungskompetenz der im ökonomischen Strukturwandel immer komplexer werdenden realen Welt. Hier liegt die konkrete Problemlösungskraft. Der Vorteil erweist sich ebenfalls als ambivalent, da dem Freiheits-, Steuerungs- und Zeitgewinn gegenübersteht, dass man sich mit der Komplexität auseinandersetzen muss, ihr nicht entkommt. Verbinden wir diese Einsichten mit den Trends im gesellschaftlichen Wandel, mit den ökonomischen Überlegungen sowie mit den Ableitungen aus der Pandemieerfahrung, dann zeigen sich folgende Wirkungsbeziehungen:

- Der Kampf gegen die Kontingenz der Welt und das Ringen um die Zumutungen der Freiheit sind durch die Pandemie besonders herausgefordert worden. Die Suche nach Sicherheit wurde elementar infrage gestellt und schien vielfach aussichtslos, sodass der Staat sich zu ungewöhnlichen Maßnahmen absoluter Grundrechtseinschränkung veranlasst sah und die Bürger nach absolutem Gesundheitsschutz verlangten. Die Spaltung der Gesellschaft wurde dadurch befördert, und zwar entlang der fortschrittsbedingten Unterscheidung zwischen den *Somewheres* und den *Anywheres* – durch die Verteilungsfolgen aufgrund der gebündelten Risiken durch Neuinfektionen sowie durch Beschäftigungs- und Bildungsverluste, zudem über die ungleich verteilte Möglichkeit des Rückzugs in das »ganze Haus« über Homeoffice-Angebote.

• Die Innovationslogik aus dem wirtschaftlichen Zusammenspiel von Zentrum und Peripherie wurde durch die digitale Transformation der Geschäftsmodelle nicht infrage gestellt, wie die Bedeutung von *Superstar Cities* zeigt. Verändert hat sich möglicherweise – je nach Ausstattung und Dichte mit relevanten Kompetenzen und Kapazitäten – die konkrete Bedeutung einzelner Zentren. Aber noch sprüht der Vulkan seine Innovationen als Produktivitätstreiber in das Land. Daran kann sich nun nachhaltig etwas geändert haben, weil sich in der Pandemie ein räumlich und sozial völlig anders strukturiertes Leben entwickeln musste. Die Potenziale der Digitalisierung können nun die Ordnung im Raum ändern und das Leben im Vulkan einebnen. Die weltweite Arbeits-, Wissens- und Risikoteilung mutiert zur digitalen Globalisierung: eine Chance für die *Somewheres* in einer Welt mit vergleichbaren Handlungsbedingungen, charakterisiert durch ein *Level Playing Field* – skizziert in Thomas Friedmans Buch »The World is flat«?[34]

• Die gesellschaftliche und politische Wirkung der Digitalisierung mit all ihren Ambivalenzen – stets sowohl befähigend, ermächtigend als auch disziplinierend, überfordernd – ist im Ergebnis noch unbestimmt. Der Systemwettbewerb von innen erlangt seine Bedeutung dadurch, dass die Krise der politischen Repräsentation, die sich aus der Spannung zwischen den identitätspolitischen Wünschen der einen und dem Unverständnis der anderen ergibt, dadurch ein Ventil findet, nicht aber eine konstruktive Auflösung. Die Ventillösung verhindert eine Relativierung oder Infragestellung der eigenen Position, weil eine Rückkopplung im Dialog ausbleibt, und tendiert so zu einer Verabsolutierung der jeweiligen Meinung. Die Entlastung vom (fremden) Absoluten entsteht dadurch, dass man die eigene Vorstellung zum (privaten) Absoluten macht: Eine Ausflucht für *Somewheres* in einer Welt, die durch Unübersichtlichkeit und Ungleichgewichte Nischen der Absonderung lässt, eine Welt, für die eher gilt: »The World is Curved« (David Smick)?[35]

Heute spricht mehr dafür, dass die Welt eine Mixtur aus »flat« und »curved« prägt. Die Kapitalmärkte prämieren Geschäftsmodelle global nach vergleichbaren Maßstäben, doch in der konkreten Einschätzung wirkt sich die strukturelle Heterogenität infolge unterschiedlicher institutioneller Bedingungen aus. Die Digitalisierung ist der zentrale Treiber für ein globales *Level Playing Field*, zugleich aber verschafft sie Raum für soziale und politische Differenzierung.

Die Pandemie war zunächst ein in jeder Hinsicht symmetrischer Schock, wirkte dann aber infolge unterschiedlicher Politikstrategien und gesellschaftlich-kultureller Besonderheiten zunehmend differenziert. Die Bedrohung der Urbanisierung und die Prämierung der Heimarbeit infolge der Pandemiebekämpfung haben das Potenzial, die Moderne substanziell infrage zu stellen. So hatte sich die Lage zugespitzt, als Ende Februar 2022 Russland seinen völkerrechtswidrigen Krieg gegen die Ukraine begann. Das hat die Bedingungen der Moderne weiter prekär werden lassen, denn die russische Aggression ist ein Angriff auf die westliche Moderne: Die Zerstörung gilt den Städten, die – wie die Geschichte zeigt – jedem diktatorischen Regime ungeheuer erscheinen müssen. Die Folgen für die Ukraine, für Europa und für die Weltordnung lassen sich derzeit nur erahnen.

Aber bereits jetzt ist zu erkennen, dass sich in den Gesellschaften des Westens die Diskurse verändern, das Leben ernster betrachtet wird, Selbstverständlichkeiten nicht mehr als selbstverständlich erscheinen und Sorgen über die Errungenschaften der Moderne artikuliert werden.

Eine Europäische Union, die ihre gesellschaftliche und politische
Lebensform weder von außen destabilisieren noch von innen aushöhlen
lassen will, wird nur dann politisch handlungsfähig werden, wenn sie
auch militärisch auf eigenen Beinen stehen kann. [...] Diese Hoffnung
spiegelt sich in der vorsichtigen Formulierung des Zieles, dass die
Ukraine den Krieg nicht verlieren darf.

Jürgen Habermas, Krieg und Empörung, 2022

Wenig im deutschen Diskurs bereitete die Deutschen auf die
Realität eines russischen Angriffs und die Realität ukrainischen
Widerstands vor. Angesichts dieses zweifachen Versagens
erscheint die Frage angebracht, ob nicht im deutschen
Diskurs etwas Grundlegendes repariert werden müsste.«

Timothy Snyder, Deutschlands Verantwortung, 2022

VI. »ZEITENWENDE«: BIPOLARE WELT UND SYSTEMKONFLIKT UM DEN ÖFFENTLICHEN RAUM

»Zeitenwende« ist ein bedeutungsvoller Begriff, er kündigt ein neues Zeitalter, eine neue Epoche an, indem alte, robust geglaubte Gewissheiten oder Strukturen in der Breite wegbrechen und Neues strukturbildend wird. Zeitalter und Epoche stehen für eine längere Phase in der Geschichte, sie werden durch verbindende und synchrone kulturelle, politische, gesellschaftliche sowie ökonomische Attribute geprägt. Zeitalter geben uns Orientierung für das Verständnis und die Ordnung von gesellschaftlichen Entwicklungen und Zuständen. Umbrüche dagegen – zumal in der Breite aller Lebenszusammenhänge – erscheinen als Unordnung, im besten Fall als große Reinigung, als Katharsis. Das Verstehen der Realität wird erschwert, aus Risiken, für deren Management Wahrscheinlichkeiten vergangenheitsfundiert verfügbar sind, werden Tatbestände der Ungewissheit, für die wir nichts an Einschätzungsgrundlagen in Händen halten.

Ungewissheit besteht besonders für die Zeitgenossen, wie Hans Blumenberg betont: »Es gibt keine Zeugen von Epochenumbrüchen. Die Epochenwende ist ein unmerklicher Limes, an kein prägnantes Datum oder Ereignis evident gebunden. Aber in einer differentiellen Betrachtung markiert sich eine Schwelle, die als entweder noch nicht erreichte oder schon überschrittene ermittelt werden kann.«[1]

Zeitenwenden werden selten ausgerufen, sondern sind meist das Ergebnis reflektierender historischer Forschung und darauf beruhender Konvention. Zeitenwenden resultieren in der Regel nicht aus einem einzigen historischen Event, sondern bündeln und verdichten verschiedene Bewegungen, die bereits unterschiedlich lange und unterschiedlich offenkundig respektive latent ihre Bahnen beschrieben haben. Die Zuspitzung – als Präsenzwerdung – solcher Trends und damit die Wirkung eines Umbruchs folgt allerdings oft dem Stress und der Qualität eines historischen Events.

Nun hat Bundeskanzler Scholz in seiner Regierungserklärung am 27. Februar 2022 in Reaktion auf den russischen Angriffskrieg gegen die Ukraine von einer »Zeitenwende in der Geschichte unseres Kontinents« gesprochen. Und das bedeute: »Die Welt danach ist nicht mehr dieselbe wie die Welt davor. Im Kern geht es um die Frage, ob Macht das Recht brechen darf.« Die historische Dimension dieser Situation wird daran deutlich, dass es nicht um einen Bruch des Bestehenden für eine humanere, freiere Welt im Geiste des Fortschritts geht, sondern um die Gefahr der Rückkehr zu einer Welt beliebiger machtgetriebener Konflikte, der Desintegration und der Teilung. Die Einschätzung, nur in der Außen- und Sicherheitspolitik oder der Energieversorgung sei eine grundlegende Änderung geboten, greift zu kurz. Es geht um mehr: Die russische Aggression richtet sich gegen die westliche Lebensweise, gegen Freiheitsrechte und Beschränkung des Staates, gegen zivilgesellschaftliches Engagement und die Selbstermächtigung der Bürger, kurzum: gegen unsere »gesellschaftliche und politische Lebensform«, wie Habermas schreibt und daraus fast lakonisch das innere Konfliktpotenzial Europas ableitet, militärisch auf eigenen Beinen – gemeint: unabhängig von den USA – stehen zu müssen.

Eingebettet ist die Bedrohung unserer Lebensform in den Systemkonflikt zwischen dem transatlantischen Westen und China über die Ordnung der Welt sowie die dafür maßgeblichen Prinzipien. Dazu zählen aus westlicher Sicht unverrückbar: die Nichteinmischung in innere Angelegenheiten und die Anerkennung der Souveränität eines jeden Staates, unabhängig von seiner Größe und seiner inneren

Verfasstheit. Dass Russland den Angriffskrieg wagen konnte und sich damit von diesen elementaren Grundsätzen verabschiedete, erklärt sich nicht nur aus den Motiven des Regimes um Putin und der scheinbaren Akzeptanz durch die russische Bevölkerung, sondern zumindest ebenso aus den seit längerem zu beobachtenden tektonischen Verschiebungen in der Weltordnung. Dazu gehört die Rückkehr der *Global Power Competition*, die wir dachten mit dem Fall des Eisernen Vorhangs hinter uns gelassen zu haben, dazu gehören die Spannungen im transatlantischen Raum, wie sie mit der Präsidentschaft Trump erstmals für alle in ihrer ganzen Schärfe deutlich wurden, dazu gehören die Unsicherheiten in der alten Welt, wie sie mit der Formulierung, die NATO sei »hirntot«, des französischen Präsidenten Macron vermittelt wurde, und dazu gehören das Versagen des Westens in Syrien und sein Scheitern in Afghanistan. Der russische Krieg ist so betrachtet eher Ausdruck und Katalysator der Zeitenwende als deren Ursache.

Daraus folgt, dass die Errungenschaften des Westens fundamental von außen unter Druck stehen. Die Abwicklung der westlichen Moderne als Geschichte der Selbstermächtigung des Menschen in persönlicher Freiheit und Verantwortung wird aus zwei Richtungen angetrieben: einerseits durch die gesellschaftlichen Trends – Globalisierung und Fernbeeinflussung, Digitalisierung und Selbstermächtigung, Individualisierung und Identitätsegoismus, Komplexitätszunahme und Eindeutigkeitsverlust – sowie die Pandemieerfahrung, andererseits durch die tektonischen Verschiebungen in der Weltordnung und den russischen Krieg. War die Pandemie das historische Event, das die gesellschaftlichen Veränderungen verstärkt hat, so gilt dies für den Krieg im Hinblick auf den Zerfall der alten Weltordnung unter der Pax Americana. Und alle Treiber treffen sich in der gesteigerten Präferenz für Sicherheit: Sicherheit als Stabilität in der Dynamik technologischer und ökonomischer Veränderung; Sicherheit als Verlässlichkeit in der komplexen Lebenswirklichkeit ohne normative Anker; Sicherheit im elementaren Sinne des Friedens und der Abwesenheit von Gewaltandrohung.

1. Weltunordnung und der Westen

Die Öffnung der Welt für mehr Miteinander, Kooperation und Freiheit, die vor über 200 Jahren mit dem von Historikern so bezeichneten »Aufbruch zur Moderne« begann, war nie ohne Widerstände, Auseinandersetzungen und Krisen gewesen. Das Ringen um den Fortgang des zivilisatorischen Projekts für die Selbstermächtigung des zur Vernunft begabten und zur Verantwortung befähigten Menschen war mühsam, immer wieder umstritten sowie bestritten und musste oft nach historischen Katastrophen tiefe Gräben überwinden. Dennoch war im transatlantischen Westen über die lange Dauer (*longue durée*) die Hoffnung gewachsen, dass dieses Projekt »in Gestalt der unveräußerlichen Menschenrechte, der Herrschaft des Rechts, der Gewaltenteilung, der Volkssouveränität und der repräsentativen Demokratie« (Heinrich August Winkler) weltweit ausreifen werde, weil es noch nicht auserzählt sei oder sich vielleicht gar nicht auserzählen lässt – weder bei uns angesichts veränderter Bedingungen des öffentlichen Raums und erst recht nicht in anderen Kulturräumen, die eigene Muster sozialer Bindung und Rückkopplung sowie andere Formen kollektiver Governance kulturell und politisch entwickelt haben.

Die Zeitenwende 1989/90 muss deshalb als folgerichtig erscheinen, als unvermeidbare Reaktion auf die dauerhafte Unterdrückung der Menschen im real existierenden Sozialismus. Kein System der umfassenden Repression kann auf Dauer durchhalten, zumal dann nicht, wenn das Gegenmodell einer freiheitlichen Ordnung mit wirtschaftlicher Prosperität für jeden sichtbar existiert. Die Jahrzehnte seit der Öffnung des Eisernen Vorhangs zeigen dementsprechend eine Periode, die wie keine zuvor die Ideen von 1789 aufnahm, mit den Ideen von 1989 verband und die Hoffnung auf Globalisierung dieser Ideen realistisch begründete.

Überdeckt wurde dabei das grundsätzliche Dilemma des normativen Projekts des Westens: Es werden universelle Rechte proklamiert, deren Sicherung aber nur durch die Organe der Volkssouveränität gelingen kann. Insofern der Westen über seine geografische Herkunft hinausgreift, steht er vor dem Problem, jenseits seiner Souveränität wirkungsmächtig werden zu müssen. Die Verwestlichung der Welt musste allein deshalb auf Widerstände stoßen, weil sie sich nicht als Prozess der Selbstdurchsetzung vollziehen konnte. Dafür waren und sind die kulturellen Differenzen und Erfahrungsunterschiede zu groß. Die Annäherung an die kulturellen Werte westlicher Demokratien gewann mit dem geschichtlichen Gang für Transformationsgesellschaften Mittel- und Osteuropas nicht an Selbstverständlichkeit – aus einem »Unbehagen an der Nachahmung«, das einem immer deutlicher und kränkender verspürten Mangel an eigener Identität in diesem Wandlungsprozess entsprang.[2] Und selbst im westlichen Europa stellten viele überrascht fest, dass die Gesellschaften in Mittel- und Osteuropa nach der Unterdrückung durch die sowjetische Fremdbestimmung keinen unkonditionierten Sprung in die Vereinigten Staaten von Europa präferierten. Nation und Nationalstaat sind unverändert relevante Konzepte und bieten den Menschen Orientierungen und Heimat. Somit ist selbst die Europäisierung unverändert eine Herausforderung, wenn sie aus den etablierten Räumen heraus in andere Regionen hineinwirken will.[3]

Schon in den letzten Jahren war absehbar, dass die Globalisierung ihre normative Rahmung als Geschichte des Westens zu verlieren scheint und damit die Hoffnung von 1989 verflogen ist, zuletzt drohte sie global ihre Selbstverständlichkeit zu verlieren. Immer spürbarer wurde, dass die wirtschaftliche Globalisierung sich weder kulturell noch politisch in entsprechenden Entwicklungen spiegelt. Die Zeitenwende 2022 eröffnet den Blick auf eine neue Epoche der Bipolarität in unserer Welt, eine Epoche, deren Namen wir aber noch nicht kennen. Der Umbruch der Jahre 1989/90 beendete die Epoche des Kalten Krieges und den dahinterstehenden Systemkonflikt zwischen dem alten Westen und dem sowjetischen Machtbereich. Es begann die *Post-Cold-War-Era*, die über drei Jahrzehnte die Hoffnung verhieß, dass es grundsätzlich in der Welt so werden könne, wie es der Westen sich dachte. Tatsächlich haben sich seit längerer Zeit Entwicklungen eingestellt, die Machtkoordinaten zu verschieben.

Es begann um die Jahrtausendwende mit der Wahrnehmung an den Kapitalmärkten, dass die BRICS-Ländergruppe (Brasilien, Russland, Indien, China und Südafrika) eine spannende und dynamische Investitionsgeschichte offerierte.[4] Dahinter standen Vorstellungen einer schnellen wirtschaftlichen Dynamik – gemessen am Bruttoinlandsprodukt pro Kopf – und damit einer zügigen Positionierung auf Augenhöhe mit den etablierten Industrie- und Technologieländern des Westens. Tatsächlich zeigt der Rückblick eine eindrucksvolle Entwicklung:[5] Lag der Anteil der OECD-Staaten am Weltbruttoinlandsprodukt im Jahr 2000 bei 81,6 Prozent, so erreichte dieser im Jahr 2016 noch 62,7 Prozent; die BRICS-Staaten verdreifachten in dem Zeitraum nahezu ihren Anteil und zwar von 8,1 auf 22,2 Prozent. Bei den Anteilen am Weltexport insgesamt und am Güterexport zeigte sich in dem Zeitraum eine Verdreifachung für die BRICS-Staaten. Allerdings blieb die Entwicklung beim Handel mit Dienstleistungen enttäuschend niedrig: Erreichten die BRICS im Jahr 2000 dabei 7,1 Prozent, so waren es 2016 immer noch nur 9,6 Prozent. Dies ist ein Hinweis auf die limitierte Qualität, mit der die ehemaligen Schwellenländer sich in die Weltwirtschaft integrieren konnten. Denn gerade der Austausch bei Dienstleistungen – im Verbund mit Industriewaren – steht für ein höheres Leistungsniveau und ein umfassenderes Leistungsversprechen. So muss es nicht verwundern, dass an den Kapitalmärkten die Bezeichnung BRICS heute keine Bedeutung mehr hat. Das spiegelt den Befund, dass im Jahr 2007 die BIP-Zuwachsraten der Länder zwischen 5 und 15 Prozent lagen (OECD-Durchschnitt 2,7 Prozent), im Jahr 2019 aber nur noch zwischen 0 und 6 Prozent (OECD-Durchschnitt 1,7 Prozent).[6]

Die Anlagestory ist schon lange auserzählt, da die Gruppe im Ergebnis immer unterschiedlicher wurde und kein einheitliches Profil mehr aufweist. Die Hoffnungen für Brasilien sind im Sumpf von Korruption, politischer Orientierungslosigkeit und wirtschaftlicher Labilität ebenso untergegangen wie für Südafrika. Indien – eine

Volkswirtschaft mit immer wieder beschworenen Potenzialen – verharrt bei einem sehr niedrigen Pro-Kopf-BIP und einer schwachen Position im Index der menschlichen Entwicklung (2020 auf Rang 131). So hat sich die Entwicklungshoffnung auf China konzentriert, das zuletzt aber mit seiner Null-Covid-Strategie nicht nur die wirtschaftliche Entwicklung des Landes schwächt, sondern auch die politische Akzeptanz in der eigenen Bevölkerung zu verlieren droht. Trotz alledem werden unverdrossen – seit 2009 – Gipfeltreffen der fünf BRICS-Staaten durchgeführt, zuletzt im September 2021. Und ebenso unverdrossen wird ein politisches Selbstbewusstsein vorgeführt, das eine Antwort auf die empfundene westliche Ignoranz oder Indolenz ist, die Besonderheiten und Ansprüche dieser Staaten so zu sehen, wie es dort angemessen erscheint.

In neuartiger Weise hat in den zurückliegenden zehn Jahren die Volksrepublik China einen geopolitischen Anspruch formuliert und dabei bewusst unterschiedliche Wertorientierungen in Abgrenzung zum transatlantischen Westen markiert. Herausragend steht dafür das im Jahr 2013 gestartete Prestigeprojekt der »Neuen Seidenstraße«. Das war der programmatische Ausdruck eines selbstbewussten China, das unter der Führung von Xi Jinping wesentlich die Ordnung der Welt verantworten will. Doch der hohe Anspruch wurde bisher nicht eingelöst, schon seit 2016 ist das Volumen der chinesischen Entwicklungskredite stark gesunken und das ganze Vorhaben geriet in Verruf, eine Verschuldungsfalle für die Partnerländer zu sein. Das Projekt wird heute dafür von chinesischer Seite offen als geostrategisch definiert, als neues Ordnungssystem für die Welt. Diese Botschaft ist vom transatlantischen Westen angenommen worden, so hat die Europäische Union im Jahr 2021 die *Global-Gateway*-Initiative als neue Strategie zur Förderung intelligenter, sauberer und sicherer Netze im Digital-, Energie- und Verkehrssektor sowie zur Stärkung der Gesundheits-, Bildungs- und Forschungssysteme auf der ganzen Welt gestartet; 300 Milliarden Euro stehen hierfür bis 2027 zur Verfügung. Auf dem G7-Treffen im Juni 2022 wurde ein weiteres Programm mit bis zu 600 Milliarden US-Dollar vereinbart, das ebenso als eine Antwort auf die chinesische Infrastrukturoffensive zu verstehen ist.

Die damit deutlich werdenden ökonomischen und politischen Verschiebungen zwischen den OECD-Staaten und vor allem China in den letzten Jahren haben sich im Zustand der Globalisierung niedergeschlagen: Deren Erschöpfung hat sich jedenfalls seit der weltweiten Finanz- und Wirtschaftskrise 2007/08 zunehmend ausgeprägt. Hinzu kommen die Erschütterungen durch die Finanzkrise 2008/09 und die damit verbundene Enttäuschung über die marktwirtschaftliche Steuerung, nicht zuletzt unter dem Druck dominanter Kapitalmärkte. Schließlich ist die Ernüchterung auf allen Seiten groß, die Versprechen auf Wohlstandsmehrung bei hoher Stabilität, Effizienz und Sicherheit haben sich so einfach nicht erfüllt. Das reflektiert sich in den Schwierigkeiten, die viele westliche Gesellschaften derzeit politisch und gesellschaftlich erleben – vor allem dort, wo die regionalen Unterschiede ausgeprägt sind und wo die Divergenzen zunehmen.

Die Erschöpfung der Globalisierung ist ein Indiz für die zunehmenden Schwierigkeiten der offenen Gesellschaften, mit den Herausforderungen von Fernbeeinflussungen umzugehen. Das stärkt die Präferenz für einfache Wahrheiten und schlichte Botschaften, was wiederum antidemokratischen Kräften Raum gibt. Der Brexit, Trump, die Wahlergebnisse in Frankreich im April und Juni 2022 oder auch der Wahlsieg der Rechtsradikalen Giorgia Meloni in Italien im Oktober 2022 – dies und anderes steht für die innergesellschaftlichen Spannungen von tatsächlichen oder nur wahrgenommenen Ungleichheiten oder Ungleichgewichten. In autokratischen Regimen, wie sie seit geraumer Zeit die BRICS-Gruppe prägen, sieht man sich dafür im Vorteil; schlichte Wahrheiten, einseitige Botschaften und nationale Verengung sind selbstverständlich die Instrumente, die dort zur Herrschaftssicherung genutzt werden. Man sieht sich auf der stärkeren Seite der Welt, weil man scheinbar ohne Zweifel und Skepsis, ohne Druck zur Erklärung und Rechtfertigung handeln kann. Vorerst jedenfalls, denn die Geschichte lehrt, dass solchen Regimen irgendwann wegen ihrer Inhumanität die Grundlage erodiert.

All das ist am 24. Februar 2022, mit dem Angriff Russlands auf die Ukraine, aber auch mit den Reaktionen der BRICS-Staaten darauf offensichtlich geworden. Auf einem virtuellen BRICS-Gipfel am 23. Juni 2022 auf Einladung Chinas wurde deutlich, dass Brasilien, Indien und Südafrika sich schwertun, die russische Aggression zu kritisieren. Stattdessen signalisieren sie dem russischen Potentaten wortlos Unterstützung. Die Volksrepublik China hat seit Beginn des Konflikts Putin zumindest verbal jede Unterstützung gewährt. Das ist indes insofern erstaunlich, als China immer Wert darauf gelegt hat, dass die Grundsätze des Völkerrechts eingehalten werden, nicht zuletzt, um damit seine Ansprüche auf Mitwirkung und Einfluss zu dokumentieren. Dagegen scheint die chinesische Führung die russische Aggression auf den ersten Blick zu unterstützen, wenngleich man Belege für eine praktische Unterstützung beispielsweise durch Lieferung von Technologieprodukten oder Beistand an den Finanzmärkten vergebens sucht. Russland scheint China wie eine reife Frucht in den Schoß zu fallen. Zugleich müssen sich die USA erneut um Europa kümmern, was sie Kraft und Aufmerksamkeit für den Indopazifik sowie für die drängenden innenpolitischen Spannungen kostet. Das erleichtert China die Verfolgung seiner Interessen in dieser Region.

Die chinesische Haltung zum Ukraine-Krieg begründet aber Zweifel an der bisherigen Verlässlichkeit Chinas für die internationalen Beziehungen und die ökonomische Arbeitsteilung. Die Wirkungen sind bereits dramatisch: Nach dem Beginn des Krieges gegen die Ukraine hat es einen noch nie gesehenen Kapitalabfluss gegeben, die ausländischen Investitionen in China werden immer geringer. In Shanghai beispielsweise wollen 85 Prozent der ausländischen Fachkräfte das Land verlassen, und selbst in Hongkong vertreibt die Sorge um die politische Zukunft die Ausländer.[7] Man kann sich des Eindrucks nicht erwehren, dass dies zu der Strategie der zwei Wirtschaftskreisläufe – mehr Binnenkonsum, verringerte Exportabhängigkeit – zusammen mit der Konzentration auf die indopazifische Kooperation – etwa in Form des seit 2020 bestehenden Freihandelsabkommens *Regional Comprehensive Economic*

Partnership (RCEP) – durchaus in das politische Kalkül Pekings passen könnte. Das aber hieße, dass die chinesische Globalisierung zwar nicht zu Ende geht, aber ein anderes regionales Gesicht bekommt. Dabei benötigt China für seine eigene Stärkung – angesichts regionaler Divergenz, sozialer Ungleichheit, mangelnden Sozialkapitals, Kapitalmarktineffizienz und demografischer Alterung – und für die Entwicklung jener Wirtschaftsräume, in denen es seinen Einfluss machtvoll umsetzen will, genau das Gegenteil: eine weiterhin globale wirtschaftliche Integration, beruhend auf den Grundsätzen der Verlässlichkeit und der Berechenbarkeit.

Genau dieser globale Austausch wird heute massiv durch den Krieg in der Ukraine gestört. Die dramatischsten Risiken sieht man in den drohenden Hungerkrisen Afrikas, wenn Getreidelieferungen aus der Ukraine größtenteils ausfallen. Chinas Anliegen auf dem afrikanischen Kontinent dient das gewiss nicht. Teile der Neuen Seidenstraße führen aus China kommend durch Russland nach Europa. Sanktionen und Gegensanktionen dürften diese Handelsrouten auf lange Zeit unpassierbar machen. Und ganz generell kann eine massive Störung der Weltwirtschaft nicht im Interesse Chinas liegen. Wer die deutsche Debatte um die Energieabhängigkeit von Russland und die Exportabhängigkeit von China verfolgt, wird schnell erkennen, dass sie mit einer generellen Forderung nach Deglobalisierung verbunden ist. So unrealistisch das für eine Volkswirtschaft wie die deutsche bereits auf den ersten Blick aussehen mag, weil außerhalb Chinas kein anderes Land so sehr in die internationalen Wertschöpfungsketten eingebunden ist wie die Bundesrepublik, so träfen *Reshoring* (hierbei wird die Produktion von China ins Heimatland (zurück-)verlagert), *Friendshoring* (es wird nur noch in befreundeten, sprich demokratischen Ländern produziert), *Nearshoring* (Beschaffung nur in benachbarten Regionen und Staaten), *China Plus One* (gezieltes Ausweichen aus China in benachbarte asiatische Länder) und *Decoupling* (Entkoppelung) vor allem Deutschland und China.

Für die Vereinigten Staaten wären die gesamtwirtschaftlichen Effekte einer Entkopplung von China nahezu null, während es für

Europa und noch stärker für Deutschland mit beträchtlichen Verlusten an Wertschöpfung verbunden wäre. Die Forderung aus der US-Politik ist deshalb wohlfeil, aber kaum zu überhören. Tatsächlich hat sich in der jüngsten Vergangenheit der Handel Deutschlands mit den USA dynamisch entwickelt, sodass die USA als wichtigster Exportpartner Deutschlands nun so bedeutend sind wie noch nie seit Anfang des Jahrtausends. Der Anteil der USA an der deutschen Warenausfuhr stieg im ersten Halbjahr 2022 auf 9,7 Prozent, nach knapp 9 Prozent in den Vorjahren. Der Exportanteil Chinas nahm hingegen deutlich ab, auf zuletzt nur noch 7,1 Prozent. Beigetragen haben dazu die Beilegung – oder passender das Aussetzen – der Handelskonflikte aus der Trump-Ära sowie die expansiven Fiskalprogramme der Biden-Administration.[8] Zugleich gilt, dass auch Präsident Biden in diesen Programmen aus der ersten Hälfte seiner Amtszeit – *American Rescue Plan, Infrastructure Investment and Jobs Act, Build Back Better Act, Inflation Reduction Act, CHIPS and Science Act* – in erheblichem Ausmaß protektionistische Elemente verantwortet. Die *Buy American regulations to protect domestic industries* erscheinen überparteilich in Washington als probates und legitimes Mittel der Politik. Zusammen mit den niedrigeren Energiepreisen sind dadurch erste Indikationen einer Reindustrialisierung in den USA festzustellen. Mit dem 2021 als Ersatz für das gescheiterte TTIP-Abkommen zwischen den USA und der Europäischen Union eingerichteten *Trade and Technologie Council* ist immerhin ein institutioneller Rahmen vorhanden, diese Entwicklungen zu erörtern und abzumildern. Allerdings wird deutlich, dass auch im transatlantischen Westen erhebliche Konfliktpotenziale bestehen, die sich je nach politischer Entwicklung insbesondere in den USA verschärfen können und dann Rückwirkungen auf die strategische Positionierung gegenüber China haben werden.

So oder so ist schwer zu verstehen, warum Chinas Führung zumindest nach außen versucht, einen neutralen Standpunkt in dem russischen Krieg gegen die Ukraine einzunehmen. Die chinesische Führung interpretiert diesen Konflikt offenbar als »Stellvertreterkrieg«

zwischen den USA und Russland, in dem China keine Partei ergrei-
fen will. Tatsächlich jedoch geht es bei Russlands Angriffskrieg zu-
nächst einmal um den Bruch des Minimalstandards im Völkerrecht:
Kein Land soll ein anderes Land mit militärischer Gewalt überfallen.
Das wirft nicht nur Fragen künftiger geopolitischer Strukturen und
Herausforderungen auf, sondern ebenso Fragen geoökonomischer
Entwicklungsperspektiven. So markiert die Zeitenwende den Abschied von der zweiten Globalisierung der industriellen Welt, die mit
der Öffnung Chinas unter Deng Xiaoping für marktwirtschaftliche
Mechanismen um 1980 begann und besonders nach 1990 Fahrt auf-
nahm. Die Erwartungen im Westen orientierten sich überwiegend an
der Modernisierungshypothese. Man müsse nur intensiv mit China
Handel treiben, dann werde die Demokratisierung schon kommen –
so US-Präsident George H. W. Bush 1992.

Das ist jedoch nicht eingetreten, stattdessen folgt die politische
Führung in der Volksrepublik China einer ideologischen Rückbesin-
nung. Das lässt sich allerdings so deuten, dass nur unverändert gilt,
was Deng Xiaoping 1978 formuliert hatte: »Historische Erfahrungen haben gezeigt, dass unsere politische Macht nur mit Diktatur
zu konsolidieren ist. Eigentlich sollten wir unser Volk Demokratie
genießen lassen. Um aber unseren Feinden überlegen zu sein, müssen
wir Diktatur praktizieren – die demokratische Diktatur des Volkes.«

So erleben wir in China, wie die Vorzüge des Marktes in puncto
Effizienz mit einem diktatorischen Regime seit vier Jahrzehnten verbunden werden. Diese Spannung – aus westlicher Sicht ein Widerspruch – fordert den transatlantischen Westen unabhängig vom Angriffskrieg der Russen gegen die Ukraine. Denn China verfolgt nicht
nur einen eigenen Weg der kapitalistischen Transformation – einen
Staatskapitalismus ohne individuelle politische Freiheit und ohne zivilgesellschaftliches Engagement, sondern verbindet damit offenbar
zunehmend einen besonderen weltpolitischen Gestaltungsanspruch.
Unbestimmbar bleibt bisher, ob es um einen zentralen geopolitischen
Einfluss geht oder ob das Streben auf eine Beherrschung des indopa-
zifischen Raums (RCEP) zielt.

Betrachtet man entsprechende politikwissenschaftliche Analysen,[9] so zeigt sich neben der ökonomischen Dominanz der Volksrepublik ein starker Einfluss in anderen Politikfeldern wie der Diplomatie, der Verteidigung und der Energie. Im Jahr 2021 – vermutlich als Reaktion auf die unterschiedliche Covid-19-Strategie und deren Performanz – konnten die Vereinigten Staaten gegen den längeren regionalen Abwärtstrend, der den Verlust an wirtschaftlichem Einfluss dokumentiert, Punkte in fünf Feldern des *Lowy Institute Asia Power Index* gewinnen und China in zwei kritischen Rankings überholen: beim diplomatischen Einfluss und bei zukünftigen Ressourcen. Chinas Macht ist zum ersten Mal seit vier Ausgaben des Index gefallen, das Land verlor bei der Hälfte der Indexmaße Punkte. Die nächste Reihe regionaler Mächte – Japan und Indien – hat im Jahr 2021 jeweils relativ mehr verloren als China; beide Länder waren noch nie so abhängig von der amerikanischen Fähigkeit und Bereitschaft, ein militärisches Kräftegleichgewicht in der Region aufrechtzuerhalten. Der Indopazifik wird dadurch ebenso wie die transatlantische Welt bipolarer.

Das trägt zum Verständnis der gegenwärtigen Lage bei, die uns gerade mit Blick auf die Haltung der chinesischen Führung widersprüchlich erscheinen mag. Man wird in Europa und im Pazifik fragen müssen, wie man es mit den USA und deren Sicherheitsangebot hält, sowie umgekehrt die USA klären müssen, welche globale Rolle sie künftig wo wahrzunehmen – und zu finanzieren – bereit sind. Dass die USA dauerhaft gleichzeitig in Europa und im Pazifik eine bedeutende Rolle spielen können und wollen, ist nicht zu erwarten. Europa wird sich auf seine eigenen Ressourcen und Potenziale besinnen müssen.

2. Was wir für uns klären müssen

Der Systemkonflikt mit China und der russische Angriffskrieg stellen grundsätzliche Fragen an die Gesellschaften des transatlantischen Westens und ihre Verfassung. Mit den Worten Timothy Snyders: »Im

deutschen Diskurs muss etwas Grundlegendes repariert werden.«[10]
Die Beantwortung dieser Fragen und die Reparaturoptionen im Diskurs sind nicht unabhängig davon, wie die in den Kapiteln zuvor
beschriebenen innergesellschaftlichen Bedrohungen der Moderne
angenommen werden. Zugleich ist zu erwarten, dass in den kom-
menden Jahren besonders der veränderte Druck von außen die inneren Entwicklungen bestimmen wird. Während die Zeitenwende
offensichtlich viele Stränge praktischer Politik betrifft und dafür neue
Orientierungen verlangt oder lange verdrängte Handlungsnotwendigkeiten unausweichlich werden lässt, verlangt sie ebenso eine Über-
prüfung und Klärung normativer Positionen und Haltungen in den
Gesellschaften des transatlantischen Westens.

Das betrifft zunächst die Frage der Kompatibilität und Konsistenz von Demokratie, Zivilgesellschaft und Marktwirtschaft. Es ist
die Spannung beschrieben worden, die sich für eine westliche Sicht
auf die chinesische Kombination aus Diktatur und marktwirtschaftlicher Steuerung einstellt. Lange Zeit ist dieser Widerspruch nicht
gesehen und nicht wahrgenommen worden. Die Hoffnung der
Modernisierungshypothese bot die Beruhigung des Gewissens, weil
man vermeintlich mit Verweis auf notwendige Anpassungspfade und
Übergangsprobleme im Falle Chinas von diktatorischen Elementen,
Unterdrückung und Zwang meinte absehen zu können. Diese Pers-
pektivenbeschränkung war überall zu finden, nicht zuletzt bei Un-
ternehmern oder Managern, die mit Begeisterung darauf verweisen
konnten, wie hoch die Geschwindigkeit bei Genehmigungsverfahren
aller Art in China sei. Die daran gemessen auffällige Langsamkeit
unserer westlichen Gesellschaft wurde noch nicht mal ansatzweise der
demokratischen Selbstverständlichkeit zugeschrieben, alle relevanten
Interessen auf dem Weg der Entscheidungsfindung fair und rechtssi-
cher zu berücksichtigen.

Mittlerweile hat sich im Rendezvous mit den bitteren Seiten der
chinesischen Realität die Erkenntnis verbreitet, dass – bildlich gesprochen – dieses Schwert zweischneidig ist. Genehmigungen können re-
lativiert werden, Rechtssicherheit erweist sich als ein deutungsoffenes

Gut, und der Zugriff der Kommunistischen Partei Chinas auf die betriebliche Realität hat an Selbstverständlichkeit gewonnen. Unternehmen erhalten in solchen Situationen aus verständlichen Gründen wenig Unterstützung zu Hause, und Verständnis wird dafür nicht so leicht gewährt. Man kann es anders wenden: Selbst in Schwellenländern wird nichts verschenkt. Regulatorische Nachsicht, schnelle Genehmigung, geringe arbeitsrechtliche und sonstige Standards müssen bezahlt werden, jedoch ohne, dass der Preis in Höhe und Fälligkeit ex ante bekannt wäre. Das gilt gerade für Engagement in der BRICS-Ländergruppe, deren – von China einmal abgesehen – eher enttäuschende Entwicklung mit dem Mangel an guten Institutionen – Rechts- und Verfahrenssicherheit, hohe Korruption – zu erklären ist. Entscheidender aber dürfte sein, dass eine konstruktive Balance zwischen marktwirtschaftlicher Dynamik, demokratischer Legitimation und zivilgesellschaftlicher Beteiligung in diesen Staaten weder gesucht noch gestaltet wird.

Damit wird etwas erkennbar, das wir in der deutschen Volkswirtschaftslehre seit Walter Eucken in der Ordnungsökonomik betonen: die Konsistenz der Ordnungen, die das Zusammenspiel der politischen, der rechtlichen, der kulturellen, der gesellschaftlichen und der ökonomischen Sphären grundsätzlich und dauerhaft prägen sollte. Denn die Marktwirtschaft entstammt nicht nur geistesgeschichtlich denselben Wurzeln wie die moderne Demokratie, sie ist mit dieser wesensverwandt und funktional verknüpft. Ausgangspunkt ist jeweils der Grundsatz, dass Menschen eine Wahl haben und dass Konflikte systematisch regelhaft aufgelöst werden, ohne jemanden zu überfordern. Der Wettbewerb und die Innovationskraft der Marktwirtschaft stärken die Voraussetzungen der institutionell gesicherten Demokratie, nämlich die offene, partizipative, inklusive Gesellschaft; freilich nicht voraussetzungslos, denn Neuerungen benötigen eine demokratische Rahmung und gesellschaftliche Aufnahmebereitschaft.

In der offenen Gesellschaft verändern sich Wünsche und Einstellungen permanent, weil Erfahrung, Erleben und Erwartung ständig zu Neubewertungen führen. Technische und soziale Innovationen fordern das Bestehende heraus und regen zu weitergehenden Überlegungen an. Die demokratischen Regeln und Verfahren führen dazu, dass diese Veränderungen mit Verzögerung in politischen Entscheidungen münden, frei von Willkür und mit Schutz für die Minderheiten. Die Freiheit der Wahlentscheidung gilt in Demokratie und Marktwirtschaft, trifft aber auf unterschiedliche Wirkungsmechanismen mit systematisch unterschiedlichen Zeitmustern, die sich im Ergebnis gegenseitig zu stabilisieren vermögen. Denn die zu Langsamkeit neigende Demokratie bedarf exogener Impulse für die Veränderung der Präferenzen, um der Erstarrung zu entgehen und auf Entwicklung zu setzen, und die zu hoher Wandlungsgeschwindigkeit führende Marktwirtschaft bedarf der stabilen willkürfreien Rahmung für die Dynamik des Wettbewerbs und die Wirkung ihrer Impulse.

Dagegen erlebt die Volksrepublik China einen demokratisch und zivilgesellschaftlich ungebundenen, politisch willkürlichen Kapitalismus, genau das, was das linke politische Spektrum hierzulande an den westlichen Marktwirtschaften kritisiert. Dieser jedenfalls moralisch ungebundene Kapitalismus in China hat tiefe Ursachen. Das beginnt mit der stets unglücklichen historischen Erfahrung der Chinesen im Zusammentreffen mit der westlichen, als dominant empfundenen und artikulierten Kultur. Die Folge war eine Ablehnung der kulturellen Tradition, beispielsweise in der Gestaltung sozialer Mobilität: »now all of China's historical and cultural traditions were subject to virulent attack«.[11] Während der ersten 30 Jahre kommunistischer Herrschaft galt dann nur ein ethisches Prinzip, Loyalität zum politischen Führer Mao Zedong. Im heutigen China zeigt sich, dass der moralische Verfall die Kehrseite einer kapitalistisch rauen, weil ungebundenen Dynamik ist: »In the last thirty years China has achieved astonishing progress both in its economy and as an international presence. [...] But those achievements do not seem to have generated solidarity and cohesion among China's citizens; they have not built up our confidence in ourselves or each other.«[12]

So zeigen sich in Bezug auf die Konsistenz der Ordnungen in China massive, tiefsitzende Verwerfungen. Das erkennt man an den unberechenbaren staatlichen Eingriffen in die Finanzmärkte, an den Krisen in den Immobilienmärkten und an dem mitunter brachialen Vorgehen der Regierung gegen Technologieunternehmen. Hinzu kommt die Verwahrlosung des individuellen Verhaltens, worin sich die Wellen kultureller Revolutionen in den letzten 200 Jahren auswirken, ganz besonders während der Mao-Zeit. Der moralische Verfall zeigt sich an einer weit verbreiteten Korruptionswirtschaft, aber auch einer gesellschaftlich prägenden Gleichgültigkeit gegenüber anderen (»widespread indifference to others«).[13] Die vorbehaltlose Bereitschaft zu vertrauen ist abhandengekommen oder war tatsächlich schon lange nicht mehr präsent. Nur so kann man erklären, dass die Durchsetzung der Null-Covid-Strategie von Xi Jinping selbst in Millionenstädten gelingt, indem die Bürger sich gegenseitig kontrollieren.

Demokratie, offene Gesellschaft und Marktwirtschaft beruhen darauf, dass grundsätzlich die Kosten des individuell und kollektiv zugesprochenen Vertrauens geringer sind als die des Misstrauens und der Kontrolle. Hieran macht sich die Unterscheidung zwischen dem chinesischen Weg und der transatlantisch-westlichen Tradition fest, und hieran entscheidet sich die Zukunftsfähigkeit unseres demokratischen Modells: Schaffen wir es, Vertrauen und Verantwortung als gemeinsame Kategorien zu verstehen? Sind wir bereit, darüber konstruktiv zu streiten? Erkennen wir, dass politische Institutionen, zivilgesellschaftliches Engagement und ökonomische Innovationskraft systematisch zusammenwirken? Reicht unser gegenseitiges Verständnis aus, die Funktionsbedingungen anderer Kulturräume zu verstehen? Haben wir ein Bewusstsein über die verbindende ideelle Wurzel: die Selbstermächtigung des Menschen?

Der sehnsuchtsvolle Blick auf die Dynamik staatskapitalistischer Systeme gehört ins Archiv. Wir müssen unsere Grundordnung und unsere Verantwortung gesamthaft verstehen: intellektuell, regulatorisch, materiell, politisch und verteidigungsfähig. Es gibt keine geteilten Souveränitäten, etwa eine für die Unternehmen im ökonomischen oder eine für die Pazifisten im moralischen Kontext. Der Angriffskrieg Russlands und die geopolitischen Folgen machen klar, dass es einen geschmeidigen, bequemen, konfliktfreien Ausweg für uns nicht gibt. Das müssen wir für uns klären, hier setzt der Reparaturauftrag für unseren öffentlichen Diskurs an. Und wir müssen erkennen, dass dies jene Diskurse betrifft und mitunter überformt, die aus den seit längerem angelegten Trends resultieren, die sich aus der – tatsächlichen oder gefühlten – Überforderung des Einzelnen in der Freiheitsgesellschaft und bei offenen Grenzen ergeben. Um die Sorgen darüber, ob wir stabile und souveräne Rahmenbedingungen bei uns durchsetzen können, zu überwinden, müssen wir bedingungslos das Alleinstellungsmerkmal westlicher Gesellschaften aus dem Dreiklang von Demokratie, Zivilgesellschaft und Marktwirtschaft würdigen. Und dass wir dafür bereit sind – so Habermas zu Recht –, militärisch auf eigenen Beinen zu stehen.

Die Klärung normativer Positionen und Haltungen ist in einem zweiten Zusammenhang zu leisten, bei der Frage nämlich, in welcher Weise man bei einer grundsätzlichen Präferenz für offene Grenzen sowie für die internationale Arbeits-, Risiko- und Wissensteilung bereit ist, Kompromisse zu machen bei den von den Partnern geforderten Standards. Es hat sich in den vergangenen Jahren, vor allem im Zusammenhang mit neuen Freihandels- und Investitionsschutzabkommen gezeigt, wie schnell – berechtigte oder unberechtigte – Befürchtungen in der Bevölkerung dazu führen, dass die auf ökonomische Wohlfahrt gerichteten Verträge aus den beteiligten Staaten mit weitreichenden moralischen Vorstellungen verknüpft werden. Selbst im Fall der EU-Abkommen mit den Partnern in Nordamerika hat dies zu erheblichen Schwierigkeiten geführt. Die mit der Administration unter Präsident Obama verhandelte Transatlantische Handels- und Investitionspartnerschaft (TTIP) scheiterte daran und an vielfältigen Interessengegensätzen, als schwacher Ersatz dient der *Trade and Technology Council* (TTC). Das *Comprehensive Economic and Trade Agreement* (CETA) konnte (als gemischtes Abkommen) immerhin auf europäischer Ebene im Februar 2017 ratifiziert werden.

Seit September 2017 wird CETA vorläufig angewandt, wobei u. a. der Investitionsschutz ausgenommen ist. Allerdings haben bislang erst 15 EU-Staaten den Vertrag ratifiziert. In Deutschland hat sich die Bundesregierung endlich im Juni 2022 entschieden, die Ratifizierung im Parlament vorzuschlagen, nachdem das Bundesverfassungsgericht mit Beschluss vom 9. Februar 2022 die Verfassungsbeschwerden verworfen und einen Antrag im Organstreitverfahren zurückgewiesen hat. Obgleich Kanada in vielen gesellschaftlichen Strukturen und politischen Belangen eher als europäischer Staat zu sehen ist, gab es im Laufe der Verhandlungen wie der Ratifizierung immer wieder Proteste unterschiedlicher zivilgesellschaftlicher Gruppen und Parteien. Die Sorgen bezogen sich auf die Frage, ob die europäischen Partner noch hinreichend Regulierungsspielräume hätten oder ob es zu einer Absenkung von Standards im Sozialbereich, in der Arbeitswelt oder beim Datenschutz komme. Wie gesagt: durch eine wirtschaftliche Integration mit dem kongenialen Partner Kanada und nicht mit einem institutionell sowie politisch instabilen Schwellenland. Das Problem wird dabei nicht im Abbau von Zöllen gesehen, die fast vollständig entfallen, sondern bei den nichttarifären Handelshemmnissen durch Normen, Vorschriften und Verfahren. Daraus wurde das Risiko abgeleitet, dass die eigenen Regeln keinen Bestand mehr haben könnten. Die gleiche Sorge resultiert aus dem Klagerecht für Unternehmen, trotz der Regeln dafür und für die Schiedsgerichte.

Das zivilgesellschaftliche Engagement ist in demokratischen Ordnungen diesseits und jenseits des Atlantiks zu begrüßen. Man sollte aber die Probleme erkennen, die sich damit verbinden können. Denn eine Mehrung des globalen Wohlstands, der dann vor allem den schwächeren Ökonomien zugutekommt, wird nicht gelingen, wenn man die Handlungsspielräume über Grenzen hinweg nicht ausbaut und es stattdessen zulässt, dass transparent (Zölle) oder intransparent und strategieanfällig (nichttarifäre Hemmnisse) die wirtschaftliche Integration erschwert wird. Diese Form der moralischen Globalisierung hat infolge des russischen Angriffs auf die Ukraine eine besondere Dynamik erfahren, indem – geprägt durch den Schock über die russische Politik – Länder neu bewertet wurden, die scheinbar ähnliche Strategien verfolgen und darauf setzen, ihre Einflusssphären unter Einsatz militärischer Drohung auszuweiten. Der Blick richtete sich auf die Volksrepublik China. Das Auswärtige Amt arbeitet seit dem Jahr 2022 an einer neuen Chinastrategie, die allerdings nicht den Bruch und rote Linien thematisiert, sondern Verhandlungen auf Augenhöhe fordert, das Prinzip der Reziprozität und ein wirtschaftliches *Level-Playing-Field* reklamiert; der Bundeswirtschaftsminister will künftig auf Präferenzen für Investitionen in China verzichten und bei chinesischen Direktinvestitionen in Deutschland genauer hinschauen – zu Recht.

Unterstützt durch die gesetzgeberischen Initiativen zu Lieferkettensorgfaltspflichten führt die veränderte politische und öffentliche Diskussion zu einer Stimmungslage, die wirtschaftliche Kooperation und Integration nur mit Ländern zulässt, die sich weitgehend dem eigenen heimischen Wertekanon verpflichtet sehen. An die Stelle der scheinbar fragwürdig gewordenen Idee, durch Handel nicht nur wirtschaftlichen, sondern ebenso gesellschaftlichen Wandel anzuregen, tritt die Vorstellung, das moralische Selbstgespräche und Insichgeschäfte am besten die eigenen Wertvorstellungen absichern. Dass die Welt von den unterschiedlichsten kulturellen Identitäten geprägt wird, die sich in allerlei Farbtönen und Schattierungen manifestieren, die sich jenseits westlicher Standards und Normen bewegen, aber weit entfernt sind von dem Extrem des Putin'schen Russland, sollte doch darauf hinweisen, was man an Austauschmöglichkeiten zu verlieren droht.

Der Angriffskrieg der Russen verlangt eigentlich das Gegenteil: nicht das Heraufsetzen der Mindeststandards für Kooperation, sondern das realistische Öffnen dieser Standards, um den Zugang zu vielen Gesellschaften überhaupt aufrechterhalten zu können. Man sollte nicht vergessen, dass bei der Abstimmung am 2. März 2022 in der UN-Vollversammlung zwar neben Russland nur vier »Schurkenstaaten« (Belarus, Nordkorea, Syrien und Nicaragua) gegen die Verurteilung des Angriffskriegs stimmten und eine überwältigende Mehrheit – 143 der 193 Mitgliedsstaaten – die Annexionen verurteilten, aber sich immerhin 35 Staaten der Stimme enthielten. Will man diese

Länder – darunter China, Indien, Südafrika und Vietnam – aus der globalen Kooperation ausschließen? Was sind die Mindestnormen, die dafür vorauszusetzen sind? Wie harmoniert die Standardsetzung mit dem völkerrechtlichen Grundsatz der Selbstbestimmung? Jedenfalls werden nur transnationale Institutionen künftig der Welt einen angemessenen Rahmen geben können.[14] Das verlangt von westlichen Gesellschaften die Bereitschaft, von moralischer Überhöhung der eigenen Position Abstand zu nehmen. Räumliche Offenheit aller Formen der Arbeitsteilung, Wissensteilung und Risikoteilung gehören zu dem Mindestset transnationaler Normen ebenso wie die deliberativ legitimierte, willkürfrei durchsetzbare Rechtsordnung und ein Raum für die Zivilgesellschaft sowie die Kultur der Mitverantwortung.

Diese Fragen sind weder einfach noch eindeutig zu beantworten, da sie eine entsprechende Haltungsklärung voraussetzen. Genau das aber verlangt innergesellschaftlich die russische Aggression von uns. Es geht nicht nur darum, dass wir unsere politische, gesellschaftliche und ökonomische Lebensform gesamthaft und konsistent verstehen. Es geht ebenso darum, diese als Angebot, nicht aber als Norm oder als Vorgabe für andere Gesellschaften zu deuten. Die Gesellschaften im transatlantischen Westen müssen nicht nur den inneren Systemwettbewerb annehmen, sondern zugleich eine neue, offenere Sichtweise auf die Vielfalt der Systeme in der Welt gewinnen. Dafür müssen wir handlungsfähig auf allen Ebenen werden, indem wir uns ein »Denken ohne Geländer« erlauben und ideologischer Borniertheit eine Absage erteilen. Die neue Weltordnung wird nicht einfach geschehen, sondern Ausdruck unseres Handlungswillens sein. Die Europäische Union spricht von »offener strategischer Autonomie« und damit das Notwendige an: Autonomie erhöhen, indem wir Abhängigkeiten diversifizieren, nicht aber auf Autarkie setzen; Netzwerke und Spezialisierungsmuster offen gestalten und nutzen; realistische Urteilsfähigkeit dort erarbeiten, wo keine Maßstäbe der Vergangenheit helfen.

In einer solchen Situation sind wir. Doch – so Hannah Arendt – »der Verlust der Maßstäbe [...] ist eine Katastrophe der moralischen Welt nur, wenn man annimmt, Menschen wären eigentlich gar nicht

in der Lage, Dinge an sich selbst zu beurteilen, ihre Urteilskraft rei-
che für ein ursprüngliches Denken nicht aus«.[15] Der transatlantische
Westen, gerade Europa sind dafür besser aufgestellt; ganz einfach:
weil Demokratie, Zivilgesellschaft und Marktwirtschaft zusammen-
gehören, weil sie den Streit nicht ausschließen, aber Verfahren der
Aushandlung vorhalten. Macht man sich dies klar, dann werden unsere Chancen in der neuen bipolaren Welt sichtbar. Diese Chancen
werden in dem Maße steigen, wie das konzentrierte Selbstbewusstsein darüber sich mit der Bereitschaft verbindet, in der globalen
Kooperation für die eigene Sicherheit zu sorgen und Problemlösun-
gen nicht auf andere abzuschieben. Das erfordert Dinge selbst zu
tun, die man bei anderen meist nur indirekt billigend voraussetzt.
Ein Beispiel ist der Import von Flüssigerdgas (LNG) aus den USA,
das dort mit Fracking exploriert wird, was wir bei uns ablehnen;
ein anderes Beispiel ist die CO_2-Abscheidung und -Speicherung
(*Carbon Capture and Storage*), die wir in Norwegen (Speicherprojekt
»Northern Lights«) bewundern und die der Weltklimarat zur Bewältigung der Klimakrise für unverzichtbar erachtet, die hierzulande
jedoch unter Verweis auf mögliche Sicherheitsrisiken der CO_2-Spei-
cherung (wie Leckagen und Unfälle) skandalisiert wird. Moralismus
ist nun mal das Gegenteil von Moral. Und wer eine moralische Au-
ßenpolitik betreiben will, der kann diese nicht in Einzelmoralismen
aufspalten, sondern muss ethisch konfliktträchtige Aspekte mit den
spannungsfreien Themen gesamthaft adressieren.

Leichter fiele uns die Vermittlung dieser normativen Konzepte
an andere, wenn wir stärker europäisch handeln könnten. Die europäische institutionelle Integration ist aber mehr oder weniger durch
einen Stillstand gekennzeichnet. Die letzten Veränderungen und
Fortschritte sind nur in extremen Krisensituationen – wie in der Finanzkrise für die Finanzmarktregulierung, wie in der Staatsschuldenkrise für die fiskalischen Regelwerke, wie in der Pandemie für eine
neue Finanzarchitektur der EU – möglich gewesen und erreicht worden. Es bedarf eines neuen strategischen Ansatzes für die weiteren In-
tegrationsschritte, deren thematische Ausrichtung selbsterklärend ist:

Infrastruktur- und Energieunion sowie Verteidigungsunion. Es bedarf eines Delors-Berichts 2.0, der wie der vom damaligen EG-Kommissionspräsidenten Jacques Delors am 17. April 1989 vorgelegte Bericht zukunftsweisende Orientierungen gibt sowie deren Umsetzung denkmöglich und damit realistisch macht. Wir Deutschen müssen für uns klären, ob wir die Bereitschaft haben, die für diese politischen Investitionen notwendigen fiskalischen Bedingungen zu tragen, oder ob wir uns weiter in der unbestimmten Rolle gefallen wollen, vor den anderen Mitgliedsstaaten zu warnen oder naiv jede Form der Integration zu akzeptieren. Jedenfalls sollten wir die strategische Herausforderung erkennen.

Es ist kein Zufall, daß wir für die Aktion des Schauspielers das Wort Verkörperung haben, denn er zeigt sie uns. Die Verschränkung von Leib in Körper, von Körper-Sein und Körper-Haben, mit der wir Menschen fertig werden müssen, wenn uns das Leben hier und jetzt gelingen soll, mit der wir ständig befaßt sind, die uns festhält, führt uns der Schauspieler vor. Der ganze Mensch wird zur Figur.

Helmuth Plessner, Philosophische Anthropologie, 1970

VII. FREIHEIT, VERANTWORTUNG UND VERMITTLUNG IN DER VIELFÄLTIGEN UNORDNUNG

Die beobachtende Reise durch die digitale Gegenwart nach dem Pandemieschock und der russischen Aggression hat diverse Entwicklungslinien im gesellschaftlichen und wirtschaftlichen Miteinander tangiert, sehr unterschiedliche Perspektiven eröffnet und bisher vor allem Sorgen sowie Zweifel für die Zukunft abgeleitet. Im Kern ging es stets darum, ob und wie die Freiheit, die Rechte, die Verantwortung des Einzelnen unter dem Druck ihrer selbst und angesichts der empfundenen Bedrohung durch die Pandemie und den russischen Krieg in ein tragfähiges Miteinander gesetzt werden können, damit Gesellschaft und Wirtschaft jene Flexibilität, Agilität und Dynamik regenerieren können, die sie in der Moderne für die Selbstermächtigung des Menschen gewonnen hatten. Dabei gerieten gesellschaftliche Trends in den Blick, die unabhängig von den aktuellen Schocks Zweifel an dieser Selbstermächtigung auslösen. Es ging stets um die Bedrohung der Öffentlichkeit und somit um potenzielle Verluste an Modernisierungserfolgen, wie sie im transatlantischen Westen über zwei Jahrhunderte erreicht wurden.

Damit verbindet sich entweder eine optimistische oder eine pessimistische Sicht darauf, ob die demokratisch verfasste Gesellschaft als Ganzes den Herausforderungen unserer Zeit wirksam und effizient wird antworten können. Folgte man den Klimaaktivisten von Letzte Generation und Extinction Rebellion, dann ist ein umfassender Pessimismus gut begründet, der mitunter auch eine Radikalisierung des Protests rechtfertige. Dem steht die Hoffnung entgegen, dass dezentral in der freiheitlichen Ordnung die notwendigen Anpassungen innovativ und wirksam geleistet werden, dass Gesellschaften das hohe Gute der Freiheit und der Selbstverantwortung nicht einfach aufgeben und sehenden Auges in das Unglück laufen.

Für die optimistische Sicht, das sei sogleich betont, spricht die Erfahrung, dass sich in der westlichen Moderne trotz aller Überforderung des Einzelnen und kollektiver Verirrungen doch immer wieder die lebensfrohe Botschaft der Freiheit wirksam zurückgemeldet hat. Aber natürlich lässt sich die Geschichte der Moderne und der Modernisierung als eine Geschichte von Fortschritt und Rückschritt schreiben, immer wieder gab es regressive Phasen nach Zeiten des Aufbruchs. So begann die Moderne mit einer breit angelegten, mitunter aber nur latenten Selbstermächtigung des Menschen – religiös, kulturell, sozial, ökonomisch, politisch, rechtlich –, deren Durchbruch nie gleichzeitig und überall zu registrieren war. Es folgte eine erste Regression aus dem Erstaunen über die Folgen der Freiheit für den Einzelnen und aus der Erkenntnis ihrer Bedingungen für eine konstruktives Miteinander der Menschen (»Furcht vor der Freiheit«, Erich Fromm). Das Erschrecken über die Urkatastrophe und den Zivilisationsbruch in der ersten Hälfte des 20. Jahrhunderts resultierte in dem Versuch, rationale Herrschaft human zu gestalten und internationale Institutionen sowie Prinzipien dafür verbindlich zu verankern. Eine Welt, die politisch im Systemkonflikt feststeckte, schließlich erstarrt war, bot zugleich Stabilität, die vielen eine trügerische Sicherheit vermittelte. Mit dem Ende dieses Systemkonflikts verbanden sich zuvor unvorstellbare Möglichkeiten einer fortgesetzten, nun globalen Moderne. Doch bereits unabhängig von den Schocks unserer Tage nahm eine zweite Regression ihren Ausgang, weil die technisch-kommunikativ ungeahnten, gefühlt unbegrenzten Optionen der Selbststeuerung dem Einzelnen eine Singularität seines Daseins suggerierten und ihn die Bedingungen des Kollektiven verkennen oder vergessen ließen. Das Öffentliche wurde scheinbar nachrangig bis irrelevant, Öffentlichkeit und öffentlicher Raum wurden in ihrer Steuerungsfunktion bedroht.

Der Schock des russischen Überfalls auf die Ukraine, ein Rückfall in die Barbarei, sitzt tief und gibt der Epochenwende unserer Zeit Schub und Gepräge. Dieses Kriegsverbrechen gegen einen souveränen Staat ist zugleich ein Angriff gegen die westliche Demokratie, die freie Gesellschaft und die durch eindeutige Verantwortungszuweisungen geordnete Marktwirtschaft. Der russische Diktator und seine Entourage unternehmen den Versuch, die Errungenschaften der westlichen Moderne zu bedrohen. Kampf, Mord und Zerstörung bestätigen auf traurige Weise die im Positiven beschriebene Bedeutung der Städte und des urbanen Lebens für die Freiheit des Einzelnen. Die Vielfalt, die Buntheit, die Kultur moderner Städte – und selbst nur die Latenz dessen – müssen für all jene eine Gefahr darstellen, die absolute Machtansprüche mit verbrecherischer Energie verfolgen. Die wohlstandsverwöhnten Gesellschaften des Westens werden auf ihre fundamentalen Bedingungen verwiesen, eine kollektive Verantwortung sowie einen gemeinsamen Sinn für ein gemeinsames Interesse zu entwickeln und stets zu erneuern. Das Alltagsweltwissen aus dem Wechselspiel zwischen gesellschaftlicher Funktionalität und der Sozialisation des Einzelnen steht auf dem Prüfstand des Wandels.

1. Auswege und Fluchten des bedrängten Menschen

Im Gang der Argumente und Überlegungen tauchte immer wieder ein Verweis auf die philosophische Anthropologie auf. Die Verbindung humanwissenschaftlicher Erkenntnisse mit philosophischen und soziologischen Einsichten ist gerade dann gefordert und geeignet, wenn der Mensch umfassend – wie in der Pandemie, in der Klima-

krise oder angesichts einer Kriegsgefahr – einer Grenzsituation des Lebens – dem Tod in Einsamkeit, der existenziellen Gewaltandrohung
oder der Gefährdung künftiger Lebensgrundlagen – ausgeliefert ist
oder zu sein scheint. Der bedrängte Mensch sucht nach Auswegen
und Fluchtoptionen, um den Kontrollverlust über sein Leben ein-
zuhegen. In solchen Grenzsituationen erlangt Bedeutung, was Max
Scheler in »Die Stellung des Menschen im Kosmos« und Helmuth
Plessner in »Die Stufen des Organischen und der Mensch« zeitgleich
im Jahr 1928 zum Defizitären des Menschen, zu seiner permanenten
Konfliktlage aus individueller Körperlichkeit und sozialer Exposition
skizziert haben, und was in der kontingenten Welt schon alltäglich
zu Überlastungsphänomenen führe, wie die skizzierten Trends gesellschaftlicher Überforderung des Einzelnen zu belegen scheinen. »Körper-Sein« und »Körper-Haben«[1] definieren den Spannungsbogen, der
die Hilfebedürftigkeit des Einzelnen begründet. Die hoffnungsvolle
Antwort darauf liegt »im spontanen Tätigsein der gesamten integrierten Persönlichkeit«[2], dem Erfüllen der positiven Freiheit. Das aber
ist an Voraussetzungen gebunden, die wir einzeln und alleine nicht
sicherstellen können, sondern nur gemeinsam in der Ordnung des
gesellschaftlichen Lebens, in der Beherrschung marktwirtschaftlicher
Dynamik und in der öffentlichen Sicherheit durch das staatliche
Handeln.

   In der Pandemie ist die Bedrohung des Körpers, der wir sind und
den wir haben, sowie des Lebens, das wir zu führen versuchen, zu
einer besonderen Konfliktlage geworden. Das führt zu der Einschätzung, dass die Pandemieerfahrung weit über direkte politische Reaktionen, gesellschaftliche Verwerfungen und ökonomische Schäden
hinaus tiefgreifende Konsequenzen zeitigen wird. Kollektiv wird dies
von den sich radikalisierenden Klimaaktivisten ebenso empfunden.[3]
Handelt es sich im ersten Fall um tatsächlich erfahrene, individuelle
Grenzsituationen, so erkennen wir im zweiten Fall eine vorhergesagte
künftige kollektive Grenzsituation. In beiden Fällen leiten sich Forderungen an den Staat ab, umfassend und radikal einzugreifen, damit
solche existenziellen Gefährdungslagen vermieden werden. In beiden

Fällen läuft der Staat jedoch Gefahr, ein unrealistisches Schutzversprechen abzugeben, zum einen, weil der Gesundheitsschutz sich durch eine gesicherte Infrastruktur auszeichnet, nicht aber durch das Versprechen der Risikovermeidung für jeden zu jeder Zeit, und zum anderen, weil zukunftsprägende Entscheidungen unabhängig von ihrer Qualität der demokratischen Legitimation hier und heute bedürfen. In der seit dem 24. Februar 2022 neuen Kriegsgefahr für alle in Europa entstehen ähnliche Erwartungen, und diese werden durch die politische Ansage beantwortet, keine Kriegspartei sein zu wollen, ohne einer bequemen Neutralität zu folgen. Die Position, dass Macht Recht nicht brechen darf, führt aber faktisch zur Einbindung in den Konflikt.

Die beobachtende Reise durch die Gegenwart hat vor allem deutlich gemacht, in welch unterschiedlicher Weise bestehende Trends im gesellschaftlichen wie ökonomischen Raum mit der »zivilisatorischen Kränkung« durch die Covid-19-Pandemie zusammenwirken und etablierte Muster sowie Formen individueller Kunst des Lebens in der Moderne verändern. Die Selbstermächtigung der Menschen durch die Freiheitsgewinne der westlichen Moderne – ideell und real, sozial und ökonomisch, kulturell und politisch – steht ohnehin unter Spannung, weil entweder die dafür stabilisierend wirksame gesellschaftliche Zukunftserzählung fehlt oder die infrastrukturellen Bedingungen zur globalen Standardisierung drängen. Die Versuche des Menschen in der Moderne, sich zur Absolutheit der Wirklichkeit Distanz zu verschaffen, werden überrollt oder wertlos. Das wiegt schwer, sei es hinsichtlich der zur Zumutung mutierten Skepsis, des als nachrangig empfundenen Anspruchs auf Grundrechte oder der mit Angst behafteten Fühlungsdichte im urbanen Leben. Hinzu kommt die Schärfe der klimapolitischen Herausforderung, die ebenfalls die Selbstermächtigung des Einzelnen infrage stellt, und zwar fundamental, weil damit das Unheil begann und es unklar erscheint, ob es in der demokratischen Rahmung individueller Freiheit und Verantwortung überhaupt möglich ist, diese Herausforderungen – die zudem nur global zu bewältigen sind – anzugehen.

Sicherheitswünsche im öffentlichen Raum – dem Alltagskonzept
der Moderne – sind scheinbar nicht mehr überzeugend für alle gleichermaßen zu erfüllen. Der Rückzug in die Privatheit und ökonomisch betrachtet auf die Scholle – das Alltagskonzept der alteuropäischen agrarischen Welt – erscheint als die überlegene Strategie, um
den Bedarf an Energie zu mindern, um das globale Handelsvolumen
und seine Transaktionskosten zu reduzieren sowie um selbst ende-
misch gewordenen Viren Rechnung zu tragen oder um der geopolitischen Bedrohung in den Frieden des »ganzen Hauses« zu entfliehen.
All das, was sich in der flüchtigen Moderne an Unbehagen und an
Konsequenzen in den letzten Jahrzehnten angesammelt hatte, konnte
in der Pandemie einfach, politisch gewollt und normiert sowie gesellschaftlich meist akzeptiert umgesetzt werden: die Suche nach Sicherheit und Steuerungshoheit in den eigenen vier Wänden. Endlich
wurde erlebbar, dass der Zwang der Moderne, Sicherheit und Robustheit nur im öffentlichen Miteinander realisieren zu können, über-
windbar ist. Auch der erlebte Mangel an einer großen, sinnstiftenden
Erzählung schwindet, wenn man das Hauptaugenmerk auf die Privatheit statt auf den öffentlichen Raum richtet. Darin liegt offenkundig zugleich eine Lösung für die Klimakrise, wofür die Pandemie
nur ein Experiment war; eine Lösung für die veränderte geopolitische
und damit geoökonomische Lage findet sich damit indes nicht.

Die Bereitschaft, erhebliche Grundrechtseinschränkungen während der Pandemie hinzunehmen, wurde für viele zur akzeptablen
Nebenbedingung des Lockdown-Managements, weil ihnen vordergründig zu Hause ohnehin nicht die gleiche Relevanz zukommt wie
im öffentlichen Raum. Was in der modernen Welt der Freiheit als
Ausdruck des diagnostizierten Überlastungssyndroms und damit als
individuelle Schwäche erschienen wäre, das wurde nun zur tatvol-
len, klugen und angemessenen Verhaltensweise. Der Rückzug in die
Privatheit bei ständiger digitaler Erreichbarkeit hat zur Folge, dass
die Vorstellung von der Welt die reale Welt dominiert, dass absolute
Schutzforderungen gar nicht als unerfüllbar erscheinen. Politik veränderte ihre elementare Funktion, so galt nicht mehr selbstverständlich,

dass »Freiheit [...] eigentlich der Sinn dessen [ist], dass es so etwas wie Politik im Zusammenleben der Menschen überhaupt gibt«.[4] Dieser Hinweis hat seit dem 24. Februar 2022 jedoch eine völlig unerwartete Kraft und Bedeutung zurückgewonnen. Doch was bedeutet das für das »spontane Tätigsein der gesamten integrierten Persönlichkeit« und die Kraft der positiven Freiheit?

Hannah Arendt hat im Lichte der Erfahrung totalitärer Herrschaft darauf hingewiesen: »Frei sein können Menschen nur in Bezug aufeinander, also nur im Bereich des Politischen und des Handelns; nur dort erfahren sie, dass Freiheit positiv ist und dass sie mehr ist als ein Nicht-Gezwungen-Werden. [...] Wo das Zusammenleben der Menschen nicht politisch organisiert ist – also z. B. im Zusammenleben primitiver Stämme oder in der Privatsphäre des Familienhaushalts –, ist es nicht von Freiheit, sondern von der Notwendigkeit des Lebens und der Sorge um seine Erhaltung bestimmt; [...] [w]ill man die Menschen daran hindern, dass sie in Freiheit handeln, so muss man sie daran hindern, zu denken, zu wollen, herzustellen, weil offenbar all diese Tätigkeiten das Handeln und damit die Freiheit in jedem, auch dem politischen Verstande, mit implizieren.«[5] Pandemiebekämpfung kommt grundsätzlich nicht daran vorbei, Freiheitsrechte einzuschränken, weil bei einem sozialen Risiko die individuelle Rationalität nicht das notwendige Maß sozialer Rationalität erreichen kann. Doch Breite, Tiefe und Dauer der Grundrechtseingriffe skeptisch zu begleiten und immer wieder zu hinterfragen, ist die hohe Kunst der Freiheitssicherung moderner Gesellschaften. Beim Management einer Pandemie ebenso wie im Kampf gegen die Erderwärmung und im Krieg verlangt das ein hohes Maß an Sensibilität und den Willen, dafür einzustehen.

Städte und Urbanität als Lebensformen der europäischen Moderne, als Treiber deliberativer Demokratie und innovativer Marktökonomik, als Lernort und Experimentierraum der Gesellschaft, als Knoten überregionaler und globaler Netze, als vulkanöse Zentren im weiten Raum konnten und können deshalb in Bedrängnis geraten. Der dafür zu zahlende Preis dürfte umso höher sein, je länger

Angst die pragmatische Vernunft dominiert. Das Leben am Vulkan ist anstrengend und ausliefernd, weil es immer aufs Neue Anpassungen durch Fern- und Fremdbeeinflussung auslöst. Die Kontingenz der Welt, die viele gerne bereisen und die andere jedenfalls bereichernd zur Kenntnis nehmen, ist für ebenso viele ein starkes Argument, gerne und überzeugt, doch ohne Rechtfertigungszwang in die Privatheit zu wechseln. Die Pandemie hat vorhandene gesellschaftliche Spaltungen verschärft und das Potenzial, neue zu begründen; empirische Analysen belegen dies beispielsweise entlang des Themas Impfung.[6] Es zeigt sich, dass die radikale Ablehnung der Pandemiepolitik durch die »Querdenker«-Bewegung oft politisch mit Positionen der extremen Linken wie extremen Rechten konvergiert. Und erstaunlicherweise findet sich in beiden politischen Extremen gleichermaßen eine ebenso seltsame, leicht verklärte Sicht auf den Aggressor Russland, die eine Verantwortung (immer auch) dem Westen zuweist.

Bereits seit längerem profilieren sich die Ängstlichen, weniger Innovativen, genügsamen Entschleuniger sowie Globalisierungskritiker gegen die mutiger Vorwärtsschreitenden, Innovativen, flexibel Anpassungsfähigen sowie globalisierungsgeneigt Anpassungswilligen. Diese Spaltung ist entgegen dem ersten Augenschein nicht vollends deckungsgleich mit der erläuterten sozialen Differenzierung in *Somewheres* und *Anywheres,* obgleich die Zuordnung der Globalisierungsanhänger und der Globalisierungskritiker das erwarten lässt. Wir hatten ermittelt, dass die Pandemie und ihre Bekämpfung über die Beschäftigungsverluste sowie die Bildungsverluste verteilungspolitisch so wirken, dass die Spaltung in *Somewheres* und *Anywheres* vertieft wird. Hinsichtlich der Risikowahrnehmung und Risikoeinschätzung vermittelt sich – im Sinne einer »Pluralisierung der Konfliktlagen«[7] – jedoch mit zunehmender Dauer der Einschränkungen eine haltungsbezogene zusätzliche Spaltung in »Hayekianer«, die konstruktiv-skeptisch wissen, dass Freiheit ohne Risiko nicht zu haben ist, eine absolute Sicherheit deshalb nie fordern würden, und »Moralisten«, die sich ängstlich, verletzlich sowie labil von dem

Risiko der Infektion überwältigen lassen, absolute Sicherheit einfordern und einer destruktiven Skepsis gegen sie irritierende Fakten frönen.

Hier ist vermutlich ebenso die gesellschaftlich-politische Spaltung infolge des Ukraine-Kriegs zu verorten, die zunächst vom nahezu alle erfassenden Schock über Putins Kriegsverbrechen überdeckt wurde. Daraus resultierte eine Haltung, die den moralischen Imperativ, Deutschlands historische Schuld verbiete jede Konfliktbeteiligung, in eine aktivistische Formel wendete, nach der Deutschland alles ohne Rücksicht auf Wirksamkeit tun müsse, weil es die historische Schuld verlange, jetzt keine Rücksicht auf die eigene Handlungsfähigkeit zu nehmen. Nur so lässt sich die früh nach dem Beginn der russischen Aggression laut gewordene Forderung erklären, Deutschland soll einseitig sofort und vollständig auf den Bezug von russischem Gas verzichten. Denn in dieser Forderung war weder eine politische noch eine ökonomische Logik zu erkennen. Eine Moral aber, der jede Zweckrationalität fehlt und die ganz selbstbezüglich bleibt, hätte Hayek nicht als leitendes Prinzip anerkannt. So manifestierte sich die Spaltung in Hayekianer und Moralisten angesichts der Erschütterung durch die Kriegserfahrung in Europa. Allerdings profilierte und artikulierte sich mit zunehmender Dauer des Krieges zudem eine Position, die aus einer betonten Zweckrationalität eine vollständige Neutralität und Selbstbezüglichkeit Deutschlands als angemessen ableitet. Der damit verbundene Ausstieg aus der europäischen und transatlantischen Solidarität wird ignoriert. Eine Zweckrationalität aber, der jede Moral fehlt und die ganz selbstbezüglich bleibt, kann ebenfalls nicht als leitendes Prinzip anerkannt werden.

Es war auffallend, dass in der Pandemie die individuelle Risikoeinschätzung sowie die damit verbundene Haltung schnell zum objektiven Wunsch breiter Kreise der Bevölkerung deklariert wurde. Ebenso prägend ist diese Haltung bei den Klimaaktivisten, die dafür ohne Skepsis und Zweifel auf die Wissenschaft verweisen und »follow the science« rufen.[8] Man will nicht als individuelle Perzeption gedeutet sehen, was als objektiv gegeben bewertet wird und exogen sowie

kollektiv wirksam ist. Die Ableitung, das könne doch konsensual nur
eine identische Reaktion begründen, verdrängt die Tatsache, dass individuell Haltung und Risikoneigung nun einmal differieren, ebenso
wie die Realität, dass naturwissenschaftliches Wissen mit Blick auf
motivierte Änderungen und ausgelöste Innovationen grundsätzlich
revisionsoffen sein muss. Bei Fragen über Leben und Tod hört aber
nicht nur der Spaß auf, sondern die Bereitschaft zum Kompromiss
und zur Abwägung. Man hat es dann gerne einfach und glaubt jenen,
die behaupten, dass es eine Lösung gebe, die keinerlei problematische
Nebenwirkungen habe, sondern gleichermaßen auf alle Ziele ein-
zahle. Es wird verdrängt, dass ein Instrument allenfalls in bestimmter
Dosierung zwei Ziele befördern kann, nicht aber dauerhaft oder bei
beliebiger Skalierung. Trade-offs sind die tägliche Herausforderung
für die Politik, die Gesellschaft wie den Einzelnen, und zwar in der
Pandemie nicht anders als mit Blick auf den Klimawandel oder angesichts einer externen Bedrohung.

   Diese Hinweise bringen uns wiederum zur philosophischen Anthropologie, denn erneut stoßen wir auf die Frage nach Reaktion,
Haltung und Verhalten in Grenzsituationen. Für Helmuth Plessner
bleibt der Mensch als Lebewesen mit seiner biologischen Möglichkeit
im Rahmen seiner tierischen Herkunft; zugleich befähigen ihn seine
geistigen Anlagen, sich über sein kreatürliches Erbe hinwegzusetzen
und den freien Entwurf zu wagen – mit dem Risiko des Scheiterns
und vor allem mit den Möglichkeiten, sein Scheitern zu begreifen.
Der Mensch muss sich – immer wieder – erst schaffen, um zu seinem Sein zu gelangen, ein Sein, das niemals vollständig und rund
sein kann, das gefährdet und verletzlich ist. Er spürt – zumal in un-
übersichtlichen Situationen wie in einer Pandemie, angesichts einer
Kriegsgefahr und mit Blick auf den Klimawandel – ein permanentes
Ungenügen an sich selbst, eine permanente Unruhe: »Um sich ins
Gleichgewicht erst zu bringen und nicht, um es zu verlassen, wird
der Mensch das dauernd nach Neuem strebende Wesen, sucht er die
Überbietung, den ewigen Prozess.«[9] Die philosophische Anthropologie von Plessner füllt jene Lücke, um die sich der politische Philosoph

nicht kümmern muss(te), die Frage nach der »Natur und intrinsischen Qualität des Handelnden«. Genau darum geht es in einer Pandemie, die auf die sehr spezifischen, sehr individuellen Bedingungen des Einzelnen zielt. Klimawandel und geopolitische Konfliktlage setzen dagegen objektive Bedingungen, denen der Mensch nur in der Gesellschaft und durch politische Aktion entsprechen kann. Hannah Arendt lässt grüßen.

Plessner belässt es bei der selbstbezüglichen Freiheitsverpflichtung des Einzelnen, die zugleich eine Überforderung begründet, der wir – als »inverser« Freiheitsberechtigung – nicht entkommen. Denn es gibt keine letzten Gewissheiten, es gibt keine heilsgeschichtliche Aussicht auf die Vervollkommnung des Menschen im Diesseits – zumal nach dem Verlust der jenseitigen Lebenswelten.[10] Das verlangt, von unveränderlichen anthropologischen Grundtatsachen und den historisch-gesellschaftlichen Bindungen auszugehen, die einer politisch-gesellschaftlichen Verbesserung des Menschen grundsätzlich im Weg stehen. Das Ausgehen von dem Individuellen, dem Privaten und der Schutzbedürftigkeit der menschlichen Seele wendet sich gegen die Vorstellung einer gesetzmäßigen Zukunftsidee, nach der es die Organisation der Gesellschaft und damit den Menschen zu formen gelte. Das erklärt die Kritik der marxistischen Frankfurter Schule an Plessner ebenso wie die Kritik aus einer Position nationalistischer Überhöhung. Dagegen begründet Plessner das Bild eines fortdauernden Ringens des Menschen, der – so würde Hans Blumenberg ergänzen – sich infolge der Zeitschere aus Lebenszeit und Weltzeit einer Übermacht des Absoluten ausgesetzt sieht und dafür Entlastung sucht – durch Staatlichkeit und Politik, durch Öffentlichkeit mit anderen, durch fairen Tausch in Märkten, durch Erzählungen und Mythen.

Wir entkommen unserer Freiheitsverpflichtung nicht, wir können nur, so schlussfolgert Plessner, durch die Annahme der Pflicht zum Politischen unseren Weg durch die ungemütliche Freiheit auf Erden finden. Nur so kann der Schutzbedürftigkeit der menschlichen Seele entsprochen werden. Dazu gehören gesellschaftliche Rollen, Ordnungssysteme, Spielregeln und funktionale Beziehungen in der

Öffentlichkeit ebenso wie die Distanz aus der Privatheit und deren Schutz. Wir benötigen diese Distanz, diesen Abstand zu den anderen, um unsere Person zu entwickeln und unsere Würde zu bewahren. Wir müssen dabei akzeptieren, dass die scheinbar irrationale Einsicht, dass der am weitesten kommt, der nicht weiß, wohin er geht, auch in Zeiten hoch entwickelter Geistes-, Sozial- und Kulturwissenschaften ihre freiheitliche Berechtigung hat. Doch was als irrational erscheint ist nur die realistische Absage an eine »hemmungslose, restlose Rationalisierung der Weisheit des Intellekts, dass der am weitesten kommt, der weiß, wohin er geht«.[11] Anders gewendet: Freiheit wird nicht nur dann zugesprochen, wenn wir klug und weitsichtig handeln, sondern selbst dann, wenn dies nicht der Fall ist, man aber der Verantwortung für sein Tun und Unterlassen nicht entkommt.

Je mehr wir das akzeptieren können und ebenso die Folge, dass die Welt sich einer vollständigen Berechenbarkeit und Beherrschbarkeit entzieht, desto weniger hat der Radikalismus Entfaltungsmöglichkeiten, der die Gegenwart für die utopische Heilsidee eines idealen Staates mit umfassendem Schutzversprechen zu überformen droht. Genau dies aber ist heute fast wieder so in Gefahr, wie es schon einmal der Fall war. So beklagte Helmuth Plessner in den 1920er-Jahren die Verkümmerung der politischen Kultur in Deutschland und eine Geringschätzung der politischen Sphäre, die aber zugleich mit einer Vergötterung des Staates »an sich« einhergingen. Plessner hält dagegen an der Würde des Menschen als unverzichtbarem Kern unserer Selbstbestimmung fest: »Der homo absconditus, der unergründliche Mensch, ist die ständig jeder theoretischen Festlegung sich entziehende Macht, seine Freiheit, die alle Fesseln sprengt, die Einseitigkeiten der Spezialwissenschaften ebenso wie die Einseitigkeiten der Gesellschaft.«[12]

Der Mensch reagiert auf diese für sein Dasein konstitutive Herausforderung mit Schutzmechanismen. Dabei ist die Gestaltung des Miteinanders, grundsätzlich durch Ordnungssysteme und alltäglich durch Politik sowie Zivilgesellschaft, der stets gemeinsame Versuch in einem Kollektiv zu handeln und Probleme zu lösen. Der

Einzelne verfügt darüber hinaus über Instrumente der Tarnung, um der Verletzlichkeit etwas entgegensetzen zu können. Dazu gehört die Definition einer Rolle, die den Einzelnen – wie einen Schauspieler – umhüllt und eine spezifische Verschränkung von »Körper-Sein« und »Körper-Haben« vermittelt. Der Mensch ist nicht auf eine Rolle beschränkt, er trägt stets »mehrere Seelen in seiner Brust«, die je nach Umfeld, Gesprächssituation und konkreter Herausforderung unterschiedlich stark zum Tragen kommen können. Das äußert sich in der situativ gebundenen Kommunikation und kann zu unterschiedlichen Botschaften sowie Stimmungen führen.[13] Eine andere Tarnung gelingt im Wortsinn durch Maskierung als Überformung oder Verhüllung persönlichkeitsbezogener Charakteristik und Identität. Die Maske, die in der Pandemie zusammen mit der Distanzwahrung zu den Mitmenschen ein wichtiges Element der Schutzstrategie gegen eine Infektion geworden ist, verlängert zugleich die Abschottung von zu Hause in den öffentlichen Raum. Man bleibt unerkannt, der menschliche Ausdruck verborgen. Das aber betrifft den Menschen als Ganzes in seinem Wesen, das sich auf verschiedene Arten Ausdruck verschafft.[14]

In eindrucksvoller Weise erläutert Helmuth Plessner die Bedeutung der Ausdrucksformen des Lachens und des Weinens: »Lachen und Weinen als Ausdrucksformen begreifen heißt, vom Menschen als Ganzem ausgehen, nicht von Partikularem, das sich quasi selbständig aus dem Ganzen loslösen läßt wie Körper, Seele, Geist, Sozialverband. [...] Lachen und Weinen sind Äußerungsformen, über die im Vollsinn der Worte nur der Mensch verfügt; [...] Lachen und Weinen geben einen anderen Blick auf das Verhältnis des Menschen zu seinem Leibe [...]. Verglichen mit Sprache, Gesten und mimischen Ausdrucksbewegungen dokumentieren Lachen und Weinen eine unübersehbare Emanzipiertheit des körperlichen Geschehens von der Person.«[15] In seiner Analyse entfaltet er in dem Dualismus von »Körper-Sein« und »Körper-Haben« die Erkenntnis, dass das Lachen und das Weinen nicht lediglich Ausdruck unterschiedlicher Gemütslagen sind, sondern sehr viel tiefgehender »Reaktionen auf eine Krise menschlichen Verhaltens überhaupt. ... Gemeinsam ist Lachen und

Weinen, daß sie Antworten auf eine Grenzlage sind. Ihr Gegensatz beruht auf den einander entgegengesetzten Richtungen, in denen der Mensch in die Grenzlage gerät. […] Lachen beantwortet die Unterbindung des Verhaltens durch unausgleichbare Mehrsinnigkeit der Anknüpfungspunkte, Weinen die Unterbindung des Verhaltens durch Aufhebung der Verhältnismäßigkeit des Daseins.«[16]

Wer Masken im Alltag trägt oder tragen muss, der verzichtet gewollt oder ungewollt auf diese Grenzreaktionen, er verliert Ausdrucksformen, die nicht kompensiert werden können. Die Spontaneität des Lachens und des Weinens, die Offenbarung der Grenzlage des so agierenden Menschen wird jedenfalls aus der Öffentlichkeit verdrängt. Damit verschwinden existenzielle Ausdrucksformen und der Mensch verliert die Möglichkeit, seiner anthropologischen Doppelbödigkeit aktiv und öffentlich zu entkommen. »Der Mensch ist nun einmal immer mehr oder weniger als seine wahre Bestimmung, mit Herders Worten ein Invalide seiner höheren Kräfte. Selbst so körpergebundene Äußerungen wie Lachen und Weinen lassen sich nur aus diesem ehrenvollen Mißverhältnis in ihm verstehen.«[17]

Dazu kommt, dass die differenzierteste mimische Ausdrucksform – das Lächeln – weitgehend hinter der Maske verschwindet. Das Lächeln – als »die Mimik des Geistes« ist keine Grenzreaktion, sondern differenzierter Ausdruck von Kommunikation, es lädt ein auf ein gemeinsames Feld des Austauschs.[18] In diesem Sinne drückt das Lächeln »in jeder Form die Menschlichkeit des Menschen aus«.[19] Es ist die Form der Differenzierung, es werden Zwischentöne gesendet, eher leise als laut, verständig, zugewandt, nicht erhaben, nicht abweisend, vielmehr schüchtern und verlegen. Der Verlust des Lächelns durch das Verbergen hinter Masken ist ebenso bemerkenswert wie das Verschwinden der Grenzreaktionen Lachen und Weinen. Diese Verluste beginnen damit, dass Menschen im Miteinander auf persönliche Kommunikation verzichten und sich hinter den Bildschirmen der Videokonferenzen mit künstlichem Hintergrund verstecken oder gar die Kamera ausmachen – die heile Welt des zum Homeoffice gewordenen »ganzen Hauses« soll nicht gestört und nicht öffentlich werden. So kommt es – als Ausweg oder Flucht – zu einem Abschied von der Öffentlichkeit, jedenfalls auf Raten, in nachlässiger Kleidung und fragwürdiger Haltung.

Im öffentlichen Raum – so wurde es eingangs formuliert – wirken Staat, Markt und Zivil- bzw. Bürgergesellschaft zusammen, er ist der Ort der Kooperation, der Koordination, des Konflikts, der Aushandlung, des Streits und des Ausgleichs. Der öffentliche Raum ist im Konkreten und Alltäglichen ebenso wie in der regionalen, nationalen, globalen Vernetzung durch die Stadt greifbar. Der öffentliche Raum präsentiert die Weltzeit, direkt insofern sie sich auf die Vergangenheit erstreckt, und indirekt über die Prägung der Zukunft. Denn der öffentliche Raum steht für Dauerhaftigkeit ebenso wie für Latenz der Vielfalt.

All das steht unter Druck. Es wäre vermutlich leicht, auf eine Erholung der konstitutiven Funktionen des öffentlichen Raums zu setzen, wenn es isoliert nur um die Pandemieerfahrung ginge. Doch diese Erfahrung zahlt auf die großen gesellschaftlichen Trends ein, die sich schon seit geraumer Zeit aus unterschiedlichen Ursachen – Konsequenzen (Anthony Giddens), Unbehagen (Charles Taylor), Flüchtigkeit (Zygmunt Bauman) – gegen die westliche Moderne wenden, da sie selbst dazu führt, den Einzelnen zu überfordern und zu überlasten. Das Gemisch aus alldem ist hoch gefährlich für die Moderne. Denn wir sprechen über Partizipation und wechselseitige, respektvolle Bezugnahme der Menschen, wodurch die Selbstermächtigung als Prozess erst ihre Absicherung erfährt.[20] Der Einzelne bleibt machtlos und ohne Wirkung, wenn er nicht in den Bezug zu anderen seine Wahrnehmung, seine Körperlichkeit, seine Freiheit, seine Verantwortung erleben kann. Die Autonomie der Privatheit wird im öffentlichen Raum durch die Partizipation – Einflussnahme – geöffnet und vermittelbar, eingehegt und korrigierbar.

Wenn jedoch das Leben in die Privatheit verlagert wird, Haltung, Kleidung, Stimme sowie Bewegung dies überall dokumentieren und im öffentlichen Raum die Individualität des Menschen hinter Masken und in Monitoren verschwindet, wenn die im Mittel und auf Dauer gebotene gegenseitige Verständigung nicht mehr gewollt und nicht mehr wird, dann verliert die Partizipation ihre sozialisierende und disziplinierende Wirkung als Alltagsweltwissen. So trifft nun insgesamt der öffentliche Raum auf die Absolutheit des »ganzen Hauses«. Das wird zur Norm, daraus leiten sich die Bedingungen des Miteinanders ab. Die Illusion moderner Infrastrukturen über die Handlungsspielräume des Individuums, die angesichts der Skalierungs- und Standardisierungsbedarfe globaler Netze infrage gestellt wird, erhält eine neue Rahmung. Die Sicht auf den öffentlichen Raum ist verstellt oder gar entwertet, und im öffentlichen Raum fehlen die differenzierten menschlichen Ausdrucksformen, um Aushandlung und Koordinierung wirksam und verpflichtend zu erreichen. Dem Leben am Vulkan fehlen Ordnung und Kommunikation. Der Suche nach Auswegen und dem Hang zur Flucht aus dieser Öffentlichkeit müssen neue Perspektiven durch realistische und realisierbare Handlungsoptionen entgegengestellt werden.

2. Neue Perspektiven für die Öffentlichkeit

Wo liegen Chancen der Kompensation und wo zusätzliche Beschwernisse für die Rückkehr in eine Gesellschaft mit dynamischem öffentlichen Raum am Vulkan? Unweigerlich richtet sich der Blick auf die digitale Transformation, die ohnehin schon mit den gesellschaftlichen Megatrends in einem Wirkungsverbund steht. Die Verlagerung der Kommunikation in mobiles Arbeiten – in der Regel von zu Hause – war abgesehen von Schwächen im Digitalnetz für viele Berufsgruppen an jedem Ort möglich. Das »ganze Haus« wurde zum Teil der digital gewebten Welt jederzeitiger Erreichbarkeit in Echtzeit, Sesshaftigkeit und Immobilität sind kein Hemmnis mehr für die Vernetzung. Kurzum: Gesellschaftliche Megatrends, digitale Transformation und pandemische Gefahrenlage greifen ineinander.

Das lenkt die Perspektive erneut auf die Besonderheiten und Bedingungen der Digitalisierung respektive der digitalen Transformation.

Dazu hatten wir bereits Annäherungen gesucht und Ambiguitäten sowohl auf der Ebene der Gesellschaft als auch für den Einzelnen in seinen Handlungsbedingungen und -möglichkeiten identifiziert: Zerfall und Stärkung. Ein Systemwettbewerb von innen hat durch diese technologischen Optionen Kraft und Raum gefunden. So sehen sich die treibenden Akteure aus dem Silicon Valley (GAMAM) in das Zentrum der politischen Debatte gerückt, die sie als Apostel der Freiheitsverheißung zu beeinflussen suchen. Dabei ergibt sich die Resonanz einer neuen Technologie in Wirtschaft und Gesellschaft nicht aus deren ingenieurwissenschaftlicher Brillanz, sondern schlicht aus dem erfahrenen oder zugeschriebenen Nutzwert.[21]

Dieser Nutzen lässt sich erkennen, wenn man die großen ökonomischen und gesellschaftlichen Trends identifiziert, die bereits zuvor wirksam waren und somit den Resonanzraum für eine fundamentale Innovation in den Makrosystemen Wirtschaft und Gesellschaft geprägt haben. Mehr noch: »Es lässt sich beweisen, dass zwischen der Technik und allen übrigen Äußerungen menschlichen Lebens und menschlicher Kultur Wechselbeziehungen stattfinden, […] wie z. B. die Wechselwirkungen zwischen den in einer Gesellschaft vorherrschenden politischen, gesellschaftlichen, ökonomischen und religiösen Ideen auf der einen und den jeweiligen Präferenzen und Entwürfen für bestimmte technische Geräte auf der anderen Seite.«[22]

Dabei kann sich eine Divergenz zwischen dem gesellschaftlich-ideologischen Umfeld der Entstehung und Prägung einer neuen Technologie sowie den gesellschaftlich artikulierten Präferenzen in der Welt der Nutzer auftun. Das für die digitale Transformation stilbildende Silicon Valley ist in seiner Orientierung an Jugend und dem Heranwachsen zum Erwachsenen sehr empfänglich für die ultraliberalen Provokationen einer Ayn Rand, die mit »reizbaren geistigen Gesten, die versuchen, wie Ideen zu wirken«, sich gegen jede Form des Kollektivismus gewandt und die moralischen sowie gesellschaftlichen Bedingungen des Kapitalismus negiert hat.[23] »Im vom Jungsein besessenen Silicon Valley konnten Rands Ideen in einer Umgebung gedeihen, die auf den ersten Blick politisch unempfänglich wirkt.«[24] Doch die Botschaften dieser Art Gegenkultur zu Hippies und Antikommunismus waren klar und bedienten den »zutiefst kalifornischen Mythos der Selbstverwirklichung«, die »These, dass besondere Menschen die Aufgabe haben, besonders zu sein, und der Rest von uns gut daran tut, den Besonderen Platz zu machen« sowie die Vorstellung, »Ungleichheit sei natürlich oder wohlverdient«.[25] Aus dem Hin und Her von libertärer und antikapitalistischer Orientierung ergab sich ein Amalgam, das den ideologischen Überbau des Valley lieferte: »Man träumte von Selbsterneuerung und Eigenständigkeit, und der Markt stellte das Werkzeug bereit, mit dem beides herbei gezaubert werde sollte. Klingt all das nicht doch ein Stück weit nach Rands Angebot? […] Das gilt insbesondere dort, wo ihre Romane das kapitalistische Unternehmen als Form der freien Selbstverwirklichung behandeln.«[26]

Man muss diese Verknüpfung nicht überdehnen, aber bereits so wird erkennbar, dass das Silicon Valley und die daraus erwachsenen Techgiganten nicht nur durch neue technologische Optionen getragen und getrieben sind, sondern ebenso durch eine bestimmte Sichtweise auf Individuum und Gesellschaft. Das Individuum wird zum Maß aller Dinge, die Banalität seines Alltags zur singulären Identität. Die Welt wird technologisch umfassend geöffnet, vernetzt und nivelliert (»the world is flat«), um durch die Singularitäten eine neue Differenzierung – quasi künstlich – zu konstituieren (»the world is curved«). Die darin liegende Gestaltungskraft spiegelt das, was mit dem Begriff der Fernbeeinflussung bereits adressiert worden war: die ungeheuren Überwältigungspotenziale, denen der Einzelne sich mit Blick auf seine biografische und kulturelle Herkunft ausgesetzt sieht und die zur Gegenbewegung einladen. Die bereits identifizierte Ambiguität der Digitalisierungsfolgen erfährt dadurch eine zusätzliche Verschärfung. Eine weitere Bedrohung resultiert aus dem Cyberwar und der offenkundigen Verwundbarkeit nicht nur der deliberativen Demokratie durch Falschinformation, Lüge, Hetze und das Ingangsetzen kommunikativer Wellen in den sozialen Medien, sondern ebenso der individuellen Souveränität durch mangelnden Schutz persönlicher Daten.

So kann nicht verwundern, dass der gesellschaftliche und politische Druck auf die GAMAM in den letzten Jahren spürbar zugenommen hat, da nicht nur die Wettbewerbsfolgen realisiert werden, sondern ebenso die Folgen für die soziale Ordnung und die demokratische Funktionsfähigkeit. Vor allem in den Vereinigten Staaten hat Letzteres im Umfeld der Präsidentschaftswahlen 2016 und 2020 sowie im Zusammenhang mit Präsident Trump besondere Beachtung gefunden.[27] Freiheitsgewinn bedeutet immer gleichermaßen Verantwortungszuweisung; im unregulierten Netz – genauer auf den skalierungsträchtigen Plattformen – droht genau dieser Zusammenhang verloren zu gehen. Das libertäre Verständnis einer maßvoll regulierten Marktwirtschaft verlangt deshalb eine moralische Ertüchtigung des Einzelnen, die eigentlich in der marktwirtschaftlichen Ordnung nicht geleistet und nicht gefordert wird. Denn traditionellerweise liegt die Moral vor allem in der Rahmenordnung des wirtschaftlichen Geschehens, was den Einzelnen entlastet. Je weniger nun der öffentliche Raum seine sozialisierende und disziplinierende Wirkung entfalten soll, desto mehr wird die Freiheitsüberforderung des Einzelnen durch die Unsichtbarkeit der sozialen Medien im »ganzen Haus« getarnt, ohne kompensiert zu werden.

Das Bewusstsein ist gestiegen, dass der in den langen Trends der westlichen Moderne bis zur Spätmoderne reflektierte gesellschaftliche Wandel sich unter den Bedingungen der digitalen Transformation nicht nur beschleunigt, sondern der darin enthaltene normative Konflikt sich verstärkt. Was zunächst nur wie eine neue technologische Grenzverschiebung erschien, das hat sich tatsächlich als ideologieträchtig erwiesen. Die in der Modernisierung angelegte »Pluralisierung von Werten und Überzeugungen« hat seit längerem die Frage nach den »Grenzen der Gemeinschaft« neu gestellt.[28] Doch die digitalisierungsbedingte Unausweichlichkeit dieser Frage und damit die Bedrohung der sozialen Ordnung sowie des kollektiven Gewissens begründen eine qualitativ verschärfte Dringlichkeit, Antworten zu finden. In einer Gesellschaft, die der Verheißung maximaler Freiheit unterliegt, wird jedes kollektive Handeln und Verantworten scheinbar immer greifbarer zu einem Opfer des Einzelnen. Denn die Opportunitätskosten steigen infolge des höherwertigen Freiheitsverzichts. Zugleich aber steigen die Infrastruktur- und Regulierungsbedarfe, um der digitalen Welt eine verlässliche und nachhaltige Entwicklung zu geben. Mit der Pandemieerfahrung nimmt dieser Druck zu, denn »vor Corona brauchte man einen Grund, um etwas digital vernetzt zu machen. Jetzt braucht man einen Grund, etwas nicht digital vernetzt zu machen.«[29]

Wir benötigen eine integrierende oder zumindest vermittelnde institutionelle Kraft für den Systemwettbewerb von innen, der auf dem Gegeneinander sozialer Gemeinschaften und politischer Extreme sowie auf deren Frontstellung zur Gesellschaft und zu den politischen Institutionen beruht.[30] »Es muss ›Vermittlungsstrukturen‹ geben, die das Individuum vor der Entfremdung und die Makroinstitutionen (vor allem die staatlichen) vor dem Verlust der Legitimität bewahren. Aber dieselben intermediären Institutionen können sich auch zum ›Schlechten‹ wenden, wenn sie, statt zu vermitteln, polarisieren und so die Gesellschaftsordnung destabilisieren.« Peter Berger identifizierte drei Typen der institutionalisierten Vermittlung:[31]

- Imperative Vermittlung: Hier haben politische oder rechtliche Institutionen den Auftrag, die Vermittlung letztlich durch Zwang herbeizuführen (Gerichtsverfahren, Schlichtungen, geordnete Prozesse des Ausgleichs und der Kompromissfindung). Das rekurriert auf den Rechtsstaat, das staatliche Gewaltmonopol und den Anspruch, willkürfrei Kompromisse und Sanktionen zu finden. Die Sicherung staatlicher Handlungsfähigkeit – wirksame Staatlichkeit – gewinnt damit eine sehr grundlegende Bedeutung für die moderne Staatlichkeit. Kurzum: Gerechtigkeit durch Verfahren.

- Pragmatische Vermittlung: Es geht um eine zwangsfreie Vermittlung durch die Nutzung überschaubarer Konfliktlagen und identifizierbarer Tauschmengen als Verhandlungsbasis. In

der ökonomischen Theorie wird dies unter dem Coase-Theo-
rem diskutiert, nach dem bei Marktversagen und technologischen externen Effekten bei einer überschaubaren Anzahl von
Betroffenen auf beiden Marktseiten eine Verhandlungslösung
auf effiziente Weise zu einem Kompromiss führt.[32] Der An-
wendungsbereich ist damit begrenzt, und die beste Lösung
mag darin bestehen, den Dissens zu konsentieren. Kurzum:
Gerechtigkeit durch fairen, balancierten Kompromiss.

- Dialogische Vermittlung: Damit wird auf die schon bemühte
  Tradition des »öffentlichen Raums« (Arendt) und der »Öffentlichkeit« (Habermas) verwiesen, um durch bürgerschaftli-
  che Verantwortung und dadurch inspirierten offenen Dialog
  nicht nur Konflikte zu lösen, sondern dabei in vernunftgelei-
  teten Diskussionen neue Impulse für das konstruktive Miteinander zu setzen. Tatsächlich zeigt sich, dass »digitales Engagement« respektive »bürgerschaftliches Engagement in der
  digitalen Transformation« solche neuen Optionen eröffnet,
  den Raum des Gemeinsamen in einer Gesellschaft konstruktiv zu gestalten.[33] Kurzum: Gerechtigkeit durch vernunftba-
  siertes Gespräch.

Die dialogische Vermittlung ist stark an Voraussetzungen gebunden,
um Wirksamkeit entfalten zu können. Die Wirksamkeit der impe-
rativen und der pragmatischen Vermittlung ist eine dafür zentrale
Bedingung. Wer willkürfreie Verfahren ignoriert oder schädigt, wer
die Suche nach Konsens und Kompromiss für überflüssig hält, der
wird keinen Raum für dialogische Vermittlung finden. Notwendig
ist darüber hinaus und grundsätzlich der gute Wille aller Betroffenen, bei noch so unterschiedlichen Positionen und Einschätzungen
zum »freundschaftlichen Gespräch im öffentlichen Raum« bereit zu
sein.[34] Und: Die Verfahren der demokratischen Ordnung brauchen
Zeit. Allein deshalb geraten diese im Angesicht globaler und exis-
tenzgefährdender Herausforderungen für viele in Misskredit, was die

Bereitschaft nährt, für das gute Ziel wissenschaftliche Skepsis und Zweifel vollständig aufzugeben und parlamentarische Verfahren zu übergehen.[35] Wir müssen uns die demokratisch legitimierte Zeit nehmen. Die Ideologie des Silicon Valley ist dabei gerade nicht förderlich. An den Turbulenzen in und um Twitter nach der Übernahme durch Elon Musk im Herbst 2022 wurde dies für jede und jeden erkennbar.

Um all dem Rechnung zu tragen, sind die folgenden Handlungskontexte zu adressieren: Zum einen muss es darum gehen, den Einzelnen durch Bildung in gesellschaftlicher Verantwortung zu sozialisieren; das ist die tiefere Legitimation der Schulpflicht und des staatlichen Bildungsauftrags. Wichtig ist dafür die Erfahrung, dass der Rechtsstaat unmissverständlich gilt und dass Gerechtigkeit durch verlässliche Verfahren erreicht wird. Wichtig ist es ebenso, die dialogische Vermittlung mit den Verfahren der repräsentativen Demokratie funktional zu verbinden, ohne diese verfassungsgemäße Institution zu gefährden. Das erfordert zum anderen verlässliche Institutionen und einen akzeptierten Grundkanon von verfassungsmäßigen Spielregeln für das willkürfreie Miteinander – in der Gesellschaft und international zwischen Gesellschaften:[36]

- Die offene Gesellschaft, die alle Formen der Arbeitsteilung, Wissensteilung und Risikoteilung lebt, muss grundrechtslegitimierte Identitätswünsche und berechtigte Souveränitätserwägungen im Auge behalten. Der starke Staat erhält hierbei seine zeitgemäße Begründung. Wer sich in der Volkswirtschaft für die Transaktion über Märkte (*Profit seeking*) entscheidet, der verabschiedet sich zugleich grundsätzlich, d. h. auch in Gesellschaft und Politik, von Transaktionen auf der Basis von Korruption und Vetternwirtschaft (*Rent seeking*). Das vermag bei Verlässlichkeit und umfassender Gültigkeit Glaubwürdigkeit zu generieren. Dies gilt umso mehr, wenn Minderheiten nicht überrollt, aber auch nicht zum beliebigen Hemmschuh gesellschaftlich als notwendig erachteter Veränderung werden. Es ist stets ein Geben und Nehmen zwischen dem Einzelnen und der Gesellschaft; die offene Gesellschaft lebt von einem wechselseitigen Überforderungsverbot.

• Grundsätzlich spielt die Zivilgesellschaft für eine Kultur der Mitverantwortung eine zentrale Rolle, und zwar direkt durch die Herstellung von Öffentlichkeit und indirekt dadurch, dass sie der zunehmenden Heterogenität der Lebenssituationen in offenen Gesellschaften wirksam Rechnung tragen kann. Hier lässt sich die kulturelle Vermittlung und Integration wirksam leisten, weil die Zivilgesellschaft unterschiedliche Milieus und Klassen repräsentationsfähig macht und miteinander ins Gespräch zu bringen vermag.[37] Die Vielfalt der alltäglichen und kleinräumigen Lebenswirklichkeiten bedarf noch mehr als früher der Bereitschaft der Menschen, sich zivilgesellschaftlich zu engagieren. Tatsächlich hat das Engagement in den vergangenen 30 Jahren in Deutschland in allen Altersgruppen, aber differenziert nach Bildungsgruppen und Migrationshintergrund zugenommen, und zwar von 30 auf 40 Prozent.[38] Alles in allem macht diese Entwicklung Mut.

• Eine deliberativ legitimierte, willkürfrei durchsetzbare Rechtsordnung sollte unverrückbar auf den einzelwirtschaftlichen Grundsätzen Privateigentum, Vertragsfreiheit und Haftung basieren. Wird dies effektiv implementiert und damit eine Ordnung des fairen Austauschs überzeugend, dann kann eine Kultur der Reziprozität entstehen, die den Gedanken der Mitverantwortung aufnimmt und stärkt.[39] Selbst die Herausforderungen unserer Zeit rechtfertigen kein Abgehen von diesen Grundsätzen. Die innovative Kraft des Marktes wie bei der Entwicklung von Impfstoffen gegen Covid-19 oder die vielen dezentral entstandenen technischen Neuerungen für die Klimaneutralität belegen die Wirksamkeit verlässlicher Eigentumsrechte im Zusammenspiel mit Vertragsfreiheit und Haftung sowie guter Infrastruktur.

- Neben dem Werben für die demokratischen Prozeduren mit deren Freiheit von Willkür könnte man neue Formate des Austauschs zwischen Parlament und Zivilgesellschaft testen, die ähnlich den Beteiligungsformaten bei Investitionsprojekten einen geordneten Austausch jenseits der Fachanhörungen ermöglichen. Damit erhielte die von John Rawls für die größtmögliche gleiche Freiheit und aus Gründen der Fairness postulierte staatsbürgerliche Pflicht, anderen zuzuhören und damit die Voraussetzung für wechselseitige Anerkennung zu schaffen, einen erweiterten Raum. Dort könnten der »größtmögliche Vorteil für die am wenigsten Begünstigten« sowie der »gerechte Spargrundsatz« für die Sorge um die berechtigten Ansprüche künftiger Generationen eine zeitgemäße Deutung finden.

- Erschwerend für gesellschaftliche Vermittlung wirkte in der vergangenen Dekade, dass der Austausch im Parlament sowie zwischen Parlament und Gesellschaft durch eine Machtverschiebung hin zur Exekutive überlagert war. Die Postdemokratie-These (Colin Crouch) hat unter dem Eindruck und Druck mannigfaltiger Krisen an Relevanz gewonnen, und zwar nicht nur in Deutschland, sondern weithin in Europa und auf der Ebene der Europäischen Union. In der Pandemie hat dies besondere Blüten direkten Exekutivregierens zur Folge gehabt. Es scheint so, als wenn jede neue Krise eine neue Qualität der Machtverschiebung auslöst, ohne dass dies zu grundsätzlichen prozeduralen Lösungen für Phasen krisenhafter Anspannungen führt. Es ist notwendig, dass dafür transparente und willkürfreie Verfahren entwickelt werden. Die Institution wie die Konzertierte Aktion – effizient aufgesetzt – kann dafür eine Option sein.

- Die zentrale Rolle des Parlaments muss gesichert und durch dessen Öffnung zum zivilgesellschaftlichen Diskurs unterstützt werden. Gesellschaft und Medien sollten akzeptieren, dass Streit und Konflikt elementar zu den willkürfreien und geordneten Verfahren der repräsentativen Demokratie gehören. Politik und Gesellschaft müssen in der Demokratie streiten, wie sonst soll pragmatische und dialogische Vermittlung überhaupt funktionieren (»Regierung durch Konflikt«, Ralf Dahrendorf). Räume für den Streit sollten bewusst erweitert und gestaltet werden, um die Vielfalt der Themen und Interessen zueinander zu bringen. Das kann das Parlament allein nicht bewältigen. Zivilgesellschaftliche Routinen und Konzertierte Aktionen können dabei helfen.

- Gesellschaftlicher Protest gründet nicht selten in einer wissenschaftlichen Schattenwelt, die mit dem Argument, diskriminiert zu sein, vor Kritik bewahrt wird. Man könnte prüfen, gezielt Forschungsgelder für die transparente Evaluierung solcher Positionen bereitzustellen. Diese Form der ernsthaften Wahrnehmung vermag neue Ansatzpunkte für das notwendige Gespräch und die erforderliche Kooperation zu schaffen. Denn die Neigung zur Immunisierung der eigenen Meinung im moralischen Gewand macht zwar, wie empirische Erhebungen zeigen, vor wohlsituierten sozioökonomischen Schichten und Gruppen nicht Halt. Trotzdem lassen sich mit einem höheren Bildungsniveau und einer unverzerrten Perspektive auf die konkreten Problemlagen unserer Welt die langwierigen deliberativen Prozesse besser aushalten – selbst wenn die jeweilige Herausforderung als besonders dringlich empfunden wird.

- All dies verlangt eine international begleitende Umsetzung zur Sicherung eines *Level Playing Fields* oder zumindest einer Fairness im Sinne der Reziprozität. Die Rechtsordnung bedarf zu ihrer Absicherung transnationaler Institutionen mit judikativem Arm, die effektiv Verfahren definieren und

Streitschlichtung organisieren. Das schließt Grundsätze für die Regulierung der GAMAM mit ein, wie es durch die Europäische Datenschutz-Grundverordnung und für die Sicherung der Privatheit zwar nicht optimal, aber doch beispielhaft mit Blick auf die Datensouveränität erreicht wurde. Letztlich geht es um das Recht und den Schutz unserer analogen Existenz.

• Eine weitere Perspektive für die Regulierung der digitalen Plattformen schließt sich an den Befund über die möglichen negativen sozialen und politischen Konsequenzen an.[40] Plattformen entwickeln durch ihre datenbasierte Skalierung und Größe über die Intransparenz der aus den Algorithmen folgende Interventionen eine Macht, die ebenso zum Verlust der Privatheit führen kann wie zur einseitigen Stärkung politischer Positionen, zur kraftvollen Verbreitung falscher Inhalte und Fehlinformationen sowie damit zur Schwächung sozialer Bindung. Die regulatorische Antwort umfasst das Wettbewerbsrecht, den Schutz der Privatheit und die obligatorische Einführung einer Middleware, die die Monopolstellung der großen Plattformen aushebelt, dem Einzelnen mehr Hoheit über die Gestaltung des Informationszuflusses gibt und ihm Einfluss auf die Algorithmen der Plattformen eröffnet.[41] Middleware ist Software, die sich zwischen einem Betriebssystem und darauf ausgeführten Anwendungen befindet, und wie ein unabhängiger Broker funktioniert und den Wettbewerb zwischen den Plattformen verschärft, indem sie deren Kontrolle über die Steuerung der Informationen und Meinungen an den Konsumenten mindert.

Selbst wenn es auf den ersten Blick so scheinen mag: Hier wird nicht für Utopien geworben, für »Wunschbilder, die der Gegenwart weit enteilen«.[42] Vermittlungsstrukturen lassen sich nur in konkreter Ausdeutung realistisch und vermittelbar ins Spiel bringen. Denn zu oft

schon ist mit überzogener intellektueller Attitüde und mit entsprechend großer Geste der Umbruch gefordert, die Sprengung des aktuellen »historisch-gesellschaftlichen Seins« verlangt worden.[43] Für
derartige Fundamentalreflexionen sind derzeit die Spannungen der
Lebensrealität zu spezifisch und vor allem alltäglich erlebbar, weil unterschiedliche Faktoren aus unterschiedlichen Zeitschichten mit aktuellen Schocks gleichzeitig ihre Wirkungskraft entfalten. Ein *Perfect
Storm*? Der Anschein mag trügen, doch die Unordnung ist vielfältig.
In einer solchen Situation sind konkrete Anker gefragt für die Ausbildung unseres Alltagsweltwissens. Gefragt sind Städte und urbanes
Leben unter den Bedingungen des 21. Jahrhunderts: die Maschinenräume der Moderne, die auch heute ihre Modernisierungskraft entfalten können. Man kann Europa aufgrund seiner Städte und deren
Urbanität im Vorteil sehen.

Eine wichtige Voraussetzung dafür, dass Städte und Urbanität solche Anker globaler Netze bilden können, liegt in der Nachhaltigkeit
ihrer Lebens- und Wirtschaftsweise. Im Angesicht der wirtschaftlichen Herausforderungen für Einzelhandel, Kultur und Veranstaltungen in Zeiten inflationsbedingter Realeinkommensverluste, die nur
den Wohlstandsabfluss infolge des Ukraine-Krieges manifestieren,
droht den Städten nach dem Pandemieschock der nächste Verlust an
Alltagsweltrelevanz. Umso wichtiger ist es, dass die Städte sich grundsätzlich neu positionieren. Weltweit finden derzeit städtebauliche
Projekte (*Urban Development Concept*) Beachtung, die Nachhaltigkeit durch Vermeidung von Emissionen ebenso herstellen wie durch
die Vermeidung weiterer Naturverbrauchs (Wasser, Abfall). Wenn
das in städtischen Verdichtungsräumen gelingt, und zwar nicht nur
in völlig neu zu entwickelnden Siedlungsstrukturen, dann entstehen
überzeugende Perspektiven urbaner Lebensqualität.

Zugleich entsteht durch die dabei unvermeidliche Verknüpfung
digitaler Steuerungsmöglichkeiten (KI), nachhaltiger Lebensweisen
(Wohnen, Mobilität) und effizienter Geschäftsmodelle (Robotics)
eine funktionale Verbindung der dominanten Trends und Herausforderungen im Strukturwandel; wenn zum Beispiel Einzelhandel

neu als Erlebniswelt gestaltet wird und Raum freimacht für modernes Gewerbe. Das Zusammenspiel von Unternehmen aller Branchen mit der Stadtplanung gewinnt durch *New Work* und Heimarbeit eine ganz neue Bedeutung. Die stadträumliche Trennung von Orten der Wertschöpfung und Orten des privaten sowie öffentlichen Lebens wird infrage gestellt. Der Wandel der Arbeitswelt fordert nicht nur die Unternehmenspolitik heraus, sondern hat weitreichende Konsequenzen für die Stadtentwicklung und -gestaltung. Das Mobilitätsverhalten wird sich verändern, die öffentliche Kommunikation benötigt attraktive Räume u. a. m.

Zukunft entsteht in den Städten; darin liegt ein Zugewinn an gesicherter Freiheit. Aber dafür müssen wir die Städte und die Stadträume umbauen: deliberativ, sozial integrierend, klimafreundlich. Dieser Umbauprozess muss aus dem Leitbild der Stadt als Laboratorium und als Maschinenraum der Moderne abgeleitet werden. Städte als Lebensräume der Moderne sind zweifellos keine heiligen Stätten des konfliktfreien Miteinanders; das müssen sie auch nicht sein. Gerade die Diversität der Lebensstile, Erfahrungen und Geschichten führt nicht nur zu harmonischen Aushandlungen und spannungsfreier Kommunikation; genau das aber begünstigt die Offenheit für die globale Vernetzung. Diese Netzwerke als zivilgesellschaftliche Strukturen können die Globalisierung »einbetten« – analog der Idee des »einbettenden Liberalismus«[44] mit sozialer Ordnungsbildung, kultureller Bindung und institutionell gerahmter liberaler Demokratie. Zu einer »einbettenden Globalisierung« tragen die gesamtwirtschaftliche Verlässlichkeit nationaler Beschäftigungs- und Einkommensperspektiven ebenso wesentlich bei wie kraftvolle transnationale Institutionen gegen die Überwältigung durch Fernbeeinflussung.

Die Verlustandrohung durch die Abwicklung von Modernisierungserfolgen verlangt Mut zur Öffentlichkeit im urbanen Kontext. Dort besteht am ehesten die Möglichkeit, der systematischen Überforderung der Urteilskraft in der komplexen Lebenswelt unserer Zeit durch konkrete Erfahrung und spezifisches Vertrauen entgegenzuwirken. Die Latenz der Vielfalt und Diversität offeriert dafür ungeahnte Optionen – Potenziale gegen Einsamkeit in der Privatheit. Die Minderheitsresistenz der Mehrheitsentscheidung wird in Städten vermittelbar, ohne dass eine allfällige Blockade resultiert, weil die alltägliche Lebensgestaltung den Ausweg des Nichtstuns am Vulkan verstellt. Dort bedarf es keiner »breiten gesellschaftlichen Dialoge«, in denen die Fragen der Zeit zerkleinert und die politische Partizipation nur vorgetäuscht wird,[45] denn die Stadt und ihre Alltagswelt ist unerbittlich konkret: funktionsfähig oder nicht, dreckig oder sauber, heiß oder klimatechnisch gestaltet usw. Städte schaffen die Gelegenheit für Gesellschaft, indem sie Menschen unausweichlich miteinander ins Benehmen setzen und ihnen die wechselseitige Abhängigkeit unausweichlich vor Augen führen.

Während die imperative Vermittlung weitgehend unabhängig von der Raumstruktur funktioniert, gilt dies für die pragmatische Vermittlung und die dialogische Vermittlung nicht – diese sind an Wahrnehmung anderer Menschen in ihrer Vielfältigkeit gebunden und erfordern die umfassende kommunikative, mimische sowie habituelle Äußerung. Die Gefahr, diese Formen der Vermittlung – als wesentliche Modernisierungserscheinungen – zu verlieren, nimmt zu, wenn wir unsere Singularität autonom und gefühlt autark nur noch in der Privatheit leben. Die damit angemahnte Reanimierung der Städte und des urbanen Lebens wird allerdings nur zukunftsfähig sein, wenn zugleich die Stadt-Land-Vermittlung gestaltet und vollzogen wird.

Es ist darauf zu achten, das Miteinander von urbanen Zentren und ländlichem Raum positiv durch Verknüpfung zu gestalten. Großstadtdiskurse verkennen allzu häufig die gänzlich verschiedenen Bedingungen und Herausforderungen des ländlichen Lebens, das immer ein Leben mit mehr Distanz, wenn nicht auf Distanz ist. Die infrastrukturellen Aufgaben sind andere, die technischen Möglichkeiten ebenfalls. Gelingt es nicht, den Stadt-Land-Zusammenhang neu zu denken und aus der Separierung beider Perspektiven zu befreien, dann werden die gesellschaftlichen Spannungen und Spaltungen im räumlichen Bezug zunehmen. Gerade der Bau der Tesla

Gigafactory in Grünheide steht für das Zusammenwirken von Metropole und peripher ländlicher Situation: In der leicht erreichbaren Nähe von Berlin lag ebenso ein Entscheidungsgrund wie in der lokalen Entwicklungsperspektive von Grünheide. Dies gilt analog für die Intel-Investition in Magdeburg und die – im internationalen Vergleich – schnell überwindbare Distanz zu den Metropolräumen. Das sind nicht nur Signale ökonomischer Attraktivität, sondern ebenso gesellschaftlich optimistisch stimmende Indizien. Modernisierung im Sinne der westlichen Moderne bleibt zukunftsfähig, die Verlustandrohung abwendbar.

AUSBLICK

Mit diesen optimistischen Tönen sind wir am Ende unserer beobachtenden, aber unvermeidlich auch teilnehmenden Reise durch die digitale Gegenwart mit ihren besonderen Spannungen angekommen. Der Befund, es drohe ein Abschied von der Öffentlichkeit, hat viele Gründe gefunden und viele Ausprägungen erfahren. So bedrückend die Erfahrung der Pandemie und der Schrecken des russischen Krieges gegen die Ukraine sind, nur durch das Einwirken auf seit längerer Zeit wirkende gesellschaftliche Trends entsteht daraus eine komplexe und effektive Wirkungsstruktur, die eine Epochenwende erklären kann. Es geht um sehr viel mehr als um eine geopolitische Herausforderung, es geht darum, der Fortschrittsgeschichte des Westens eine weitere Zukunft zu eröffnen oder sich von der Öffentlichkeit als Motor der Moderne zu verabschieden.

Die Bedrohungslage sollte kein Grund zum Verzweifeln sein. Handlungsoptionen bestehen wie dargestellt, konkret und mühsam, doch mit daraus folgenden neuen Perspektiven für die Öffentlichkeit. Wer die diagnostizierte gesellschaftliche Erschöpfung und Müdigkeit bei leichter Reizbarkeit kurieren will, der muss genau derart konkrete Ansatzpunkte liefern, um nach über 30 Jahren friedlicher Koexistenz und unglaublicher ökonomischer Globalisierung Übergänge in qualitativ neue Formen des Miteinanders zu finden. Der ermittelte gesellschaftliche Mangel an Narration über das Gemeinsame und an Akzeptanz für den Sinn des demokratischen Streits muss dafür ernst genommen werden. Damit beginnt die Reise in eine neue Öffentlichkeit.

Diese Reise wird kein nationaler Alleingang bleiben können, wenn sie erfolgreich sein soll. Der transatlantische Westen, jedenfalls Europa, sollte den Rahmen bieten. Es sind keine isolierten deutschen Phänomene, die diskutiert wurden, sondern mehr oder weniger stark in sämtlichen Gesellschaften des Westens zu diagnostizierende Entwicklungen. Gemeinsame Geschichte und gemeinsame kulturelle Orientierungen binden die Europäer immer noch in besonderer Weise aneinander und geben der europäischen Integration bei allen Unterschieden und Gegensätzen ihr tieferes Fundament. Doch ein Fortschritt der europäischen Einigung ist kein Selbstläufer. Seit dem Schritt zur gemeinsamen Währung vor über 20 Jahren hat es keine großen Projekte, keine bemerkenswerten Schritte zueinander gegeben. Die Staatsschuldenkrise und die Fluchtkrise waren dagegen anstrengende Stresstests, deren Überwindung bzw. Bewältigung im Krisenmodus nur begrenzt neue Lösungen erbracht habt.

Man kann sich des Eindrucks nicht erwehren, dass die Sorge um eine Vergemeinschaftung finanzieller Ressourcen alles hemmt. Jedenfalls klingt es in Deutschland – bis weit ins bürgerliche Milieu – genau so. Diese Phantomangst, kunstvoll verklärt mit kenntnisreichen Argumenten zu den Target-Salden und einer als unverantwortlich bewerteten europäischen Geldpolitik, kommt jedoch nie über das Klagen hinaus und verbaut jede konstruktive Sicht auf die Optionen und Notwendigkeiten europäischer Integration. Neue strategische Vorhaben liegen indes auf der Hand: die europäische Verteidigungsunion und die europäische Infrastrukturunion (einschließlich Energie). Dafür zu streiten sollte deshalb attraktiv sein, weil es dem Gedanken folgt, die »gesellschaftliche und politische Lebensform« Europas (Jürgen Habermas) nicht nur zu sichern, sondern zu stabilisieren und zu entwickeln.

Das verlangt von uns die Bereitschaft, darin zu investieren. Für die Europäische Union würde die Sicherung der Modernisierungsgewinne zum herausragenden Legitimationsgrund. Über die Verteidigungsunion stellen wir uns militärisch auf eigene Beine, durch die Infrastrukturunion schaffen wir europäische Netze zwischen und mit den Metropolen des Kontinents. Der Abschied von der Öffentlichkeit könnte so verhindert werden, weil der öffentliche Raum eine neue europäische Rahmung erfährt. Eigentlich naheliegend, doch leider ist nicht nur die europapolitische Debatte in Deutschland notleidend, sondern die ganze Europäische Union in keinem guten Zustand. Deutschland und Frankreich haben keine gemeinsame Agenda, jeder scheint nur noch – wie ungetarnt in der Energiekrise für jede und jeden erkennbar – für sich zu arbeiten. Allein deshalb bräuchten wir einen Delors-Bericht 2.0. Das ist aber Stoff für ein anderes Buch.

ANMERKUNGEN UND LITERATURVERWEISE

I. Die Bedrohung der Öffentlichkeit

1   Goldschmidt, Nils/Wolf, Stephan, Gekippt. Was wir tun können, wenn Systeme außer Kontrolle geraten, Freiburg 2021.

2   Diner, Dan, Aufklärungen. Wege in die Moderne, Stuttgart 2017.

3   Winkler, Heinrich August, Geschichte des Westens. Band 4: Die Zeit der Gegenwart, München 2015, S. 18.

4   Scholz, Olaf, Regierungserklärung vom 27. Februar 2022, https://www.bundeskanzler.de/bk-de/aktuelles/regierungserklaerung-von-bundeskanzler-olaf-scholz-am-27-februar-2022-2008356 (abgerufen am 4.6.2022); ders., Nach der Zeitenwende, in: Frankfurter Allgemeine Zeitung, 16.8.2022, S. 6.

5   Brunner, Otto, Das »ganze Haus« und die alteuropäische »Ökonomik«, in: ders., Neue Wege der Verfassungs- und Sozialgeschichte, Göttingen ²1968, S. 103 ff.

6   Berger, Peter L./Luckmann, Thomas, Die gesellschaftliche Konstruktion der Wirklichkeit. Eine Theorie der Wissenssoziologie, Frankfurt a. M. ²⁷2018.

7   Ebd., S. 21.

8   Ebd., S. 21 f.

9   Ebd., S. 185.

10 Plessner, Helmuth, Das Problem der Öffentlichkeit und die Idee der Entfremdung, in: ders., Schriften zur Soziologie und Sozialphilosophie, Frankfurt a. M. 2003, S. 212.

11   Berger/Luckmann, 2018, S. 31. Vgl. dazu Arendt, Hannah, Vita activa oder vom tätigen Leben, München/Zürich 1981, S. 63.

12   Plessner, 2003, S. 219.

13   Ebd., S. 224.

II. Im Maschinenraum der Moderne: Voraussetzungen und Bedingungen des öffentlichen Raums

1   Gerhardt, Volker, Öffentlichkeit. Die politische Form des Bewusstseins, München 2012, S. 136 ff.

2   Fromm, Erich, Furcht vor der Freiheit, München [14]2008, S. 82 und 84.

3   Vgl. Marquard, Odo, Der angeklagte und der entlastete Mensch in der Philosophie des 18. Jahrhunderts, in: ders., Abschied vom Prinzipiellen, Stuttgart 1981, S. 38 ff.

4   Vgl. Heineberg, Heinz, Stadtgeographie, 5., überarb. Aufl., Paderborn 2017.

5   Osterhammel, Jürgen, Die Verwandlung der Welt. Eine Geschichte des 19. Jahrhunderts, München 2009, S. 365.

6   Marx, Karl/Engels, Friedrich, Manifest der Kommunistischen Partei, Berlin 1977, S. 18.

7   Vgl. Mombert, Paul, Die Entwicklung der Bevölkerung Europas seit der Mitte des 17. Jahrhunderts, in: Zeitschrift für Nationalökonomie 7/4 (1934), S. 533–545.

8   Vgl. Hempel Dieter, Kultur und Ökonomie im 18. Jahrhundert, in: Das Achtzehnte Jahrhundert. Zeitschrift der Deutschen Gesellschaft für die Erforschung des achtzehnten Jahrhunderts 32/2 (2008), S. 171–185.

9   Vgl. Weber, Max, Wirtschaft und Gesellschaft, Tübingen 1922, S. 728 ff.

10 Vgl. Gyourko, Joseph/Mayer, Christopher/Sinai, Todd, Superstar Cities, NBER Working Paper 12355, 2006 https://www.nber.org/system/files/working_papers/w12355/w12355.pdf (abgerufen am 18.11.2022).

11 Vgl. Osterhammel, 2009, S. 424: »was zu einer ›modernen‹ und ›zivilisierten‹ Stadt zu gehören hatte: gepflasterte Straßen oder geteerte Straßen, Trinkwasserversorgung, Kanalisation, Müllbeseitigung, öffentliche Toiletten, feuergeschützte Bauweise, Beleuchtung der wichtigsten Straßen und Plätze, zumindest Rudimente eines öffentlichen Nahverkehrs, möglichst Eisenbahnanschluss, öffentliche Schulen wenn nicht für alle, so doch für

einige, ein Gesundheitsdienst mit Hospital, ein Bürgermeister, eine hand-
lungsfähige Polizei und ein halbwegs professionelle Verwaltung«.

12 Kocka, Jürgen, Geschichte und Aufklärung. Aufsätze, Göttingen 1989,
    S. 142.

13 Vgl. Gerhardt, 2012, S. 153.

14 Vgl. Osterhammel, 2009, S. 361.

15 Vgl. Berger/Luckmann, 2018, S. 185 ff.

16 Vgl. Berger/Luckmann, 2018.

17 Vgl. Gumbrecht, Hans Ulrich, Unsere breite Gegenwart, Berlin ²2015.

18 Diner, 2017, S. 11.

19 Vgl. Winkler, 2015.

20 Taylor, Charles, Das Unbehagen an der Moderne, Frankfurt a. M. 1995.

21 Ebd., S. 7.

22 Vgl. ebd., S. 9.

23 Reckwitz, Andreas, Die Gesellschaft der Singularitäten. Zum
    Strukturwandel der Moderne, Berlin 2017.

24 Vgl. Horkheimer, Max, Zur Kritik der instrumentellen Vernunft. Aus
    den Vorträgen und Aufzeichnungen seit Kriegsende, hrsg. von Alfred
    Schmidt, Frankfurt am Main 1967.

25 Vgl. Comin, Diego/Hobijn, Bart, Cross-Country Technology Adoption.
    Making the Theories Face the Facts, in: Journal of Monetary Economics
    51 (2004), S. 39–83.

26 Arendt, 1981, S. 114.

27 Taylor, 1995, S. 14 und 17. Vgl. Müller, Jan-Werner, Furcht und Freiheit,
    Berlin 2019, S. 23: »Das war aber noch nicht das Ende der Geschichte (in
    Fukuyamas Buch). Denn der vermeintlich so oberflächliche Politikwis-
    senschaftler stellte eine – nicht zuletzt von Friedrich Nietzsche inspirier-
    te – Befürchtung in den Raum: dass es den Leuten mit dem Liberalismus
    irgendwann schlicht langweilig werden könnte. Wer den Sinn des Lebens
    in Heldentaten oder gar in blutigen Auseinandersetzungen suche, werde
    in einem postheroischen System wohl kaum glücklich werden.«

28 Taylor, 1995, S. 17.

29 Crouch, Colin, Postdemokratie, Frankfurt a. M. 2008.

30   Ein aktuelles Beispiel ist das Krisenmanagement während der Euro-Staats-
     schuldenkrise: »the political elites« […] to de-politicizes the euro crisis, by
     attempting to shift decision making from public arenas« (Statham, Paul/
     Trenz, Hans-Jörg, Understanding the Mechanisms of EU Politicization.
     Lessons from the Eurozone Crisis, in: Comparative European Politics,
     13/3 (2015), S. 287–306.

31   Giddens, Anthony, Konsequenzen der Moderne, Frankfurt a. M 1995.

32   Lyotard, Jean-François, Das postmoderne Wissen, Wien 1999.

33   Vgl. zu den Zitaten in diesem Textabschnitt Giddens, 1995, S. 11, 14 f.,
     84, 225, 72 f. und 218 f.

34   Bauman, Zygmunt, Flüchtige Moderne, Frankfurt a. M. 2003.

35   Ebd., S. 11 f. (Hervorhebung im Original).

36   Ebd., S. 14 und 18.

37   Vgl. Reckwitz, 2017.

38   Gumbrecht, 2015, S. 114.

39   Vgl. Imhof, Arthur E., Die verlorenen Welten. Alltagsbewältigung durch
     unsere Vorfahren, München 1985.

40   Vgl. z. B. die drei Bände von Berding, Helmut (Hrsg.), Nationale und kul-
     turelle Identität. Studien zur Entwicklung des kollektiven Bewußtseins in
     der Neuzeit, Frankfurt a. M. 1991, 1994 und 1996.

41   Vgl. Fukuyama, Francis, Identity. Contemporary Politics and the
     Struggle for Recognition, London 2018.

42   Gumbrecht, 2015, S. 122.

43   Vgl. Arendt, 1981, S. 62 ff.

44   Manche fordern eine neue Qualität staatlicher Verantwortung, nicht zu-
     letzt mit Blick auf die Herausforderungen im Strukturwandel, vgl. Maz-
     zucato, Marianna, Mission. Auf dem Weg zu einer neuen Wirtschaft,
     Frankfurt/New York 2012.

III. Städte: Ordnung im Raum und Leben am Vulkan

1   Vgl. Kocka, Jürgen, Kampf um die Moderne. Das lange 19. Jahrhundert
     in Deutschland, Stuttgart 2021.

2   Vgl. ebd., S. 48 und 56; Mombert, 1934.

3   Osterhammel, 2009, S. 1011.

4   Vgl. Haffert, Lukas, Stadt, Land, Frust. Eine politische Vermessung. München 2022.

5   Vgl. ebd., S. 26 ff.

6   Vgl. Kocka, 2021, S. 60 ff.

7   Vgl. Forsthoff, Ernst, Die Verwaltung als Leistungsträger, Stuttgart 1938; ders., Die Daseinsvorsorge und die Kommunen. Vortrag, Köln-Marienburg 1958. Einordnend hierzu Meinel, Florian, Die andere Seite des Rechtsstaats, in: Kremer, Carsten (Hrsg.), Die Verwaltungsrechtswissenschaft in der frühen Bundesrepublik (1949–1977), Tübingen 2017, S. 129 (134 ff.).

8   Vgl. Schuppert, Gunnar F., Staat als Prozess. Eine staatstheoretische Skizze in sieben Aufzügen. Frankfurt a. M./New York 2010.

9   BVerfGE 108, S. 370 (392 f.).

10 Vgl. Weiß, Wolfgang, Staatsaufgaben und Privatisierung. Privatisierungsentscheidungen im Lichte einer grundrechtlichen Staatsaufgabenlehre unter dem Grundgesetz. Tübingen 2002, S. 336 ff.

11 van Laak, Dirk, Alles im Fluss. Die Lebensadern unserer Gesellschaft. Frankfurt a. M. 2018, S. 18.

12 Ebd., S. 125.

13 Ebd., S. 198 und 231.

14 Ebd., S. 282 f.

15 Arendt, 1981, S. 59.

16 Vgl. Plessner, Helmuth, Der Mensch als Lebewesen, in: ders., Mit anderen Augen. Aspekte einer philosophischen Anthropologie, Stuttgart 1982.

17 Vgl. zu den weiteren Ausführungen Giersch, Herbert, Wirtschaft und Moral im Raum. Variationen über ein Thema von Thünen, in: ders., Abschied von der Nationalökonomie. Wirtschaften im weltweiten Wettbewerb, Frankfurt a. M. 2001, S. 271–287; Paqué, Karl-Heinz, Die Welt als Kegel und Vulkan, in: Feld, Lars P./Horn, Karen/Paqué, Karl-Heinz (Hrsg.), Das Zeitalter von Herbert Giersch. Wirtschaftspolitik für eine offene Welt, Tübingen 2013, S. 53–64.

18 Vgl. Thünen, Johann Heinrich von, Der isolirte Staat in Beziehung auf Landwirtschaft und Nationalökonomie, Hamburg 1826 (von Thünen lebte 1783–1850).

19 Giersch, 2001, S. 275.

20   Vgl. Dauth, Wolfgang u. a., Matching in Cities, NBER Working Paper
     Nr. 25227 (2018), https://www.nber.org/papers/w25227 (abgerufen am
     13.11.2022).

21   Giersch, 2001, S. 282 und 280.

22   Lenger, Friedrich, Metropolenkonkurrenz. Die Weltausstellungen in der
     zweiten Hälfte des 19. Jahrhunderts, in: Journal of Modern European
     History 11/3 (2013), S. 329–350.

23   Lenger, Friedrich, Metropolen der Moderne. Eine europäische
     Stadtgeschichte seit 1980, München 2014.

24   Vgl. Mokyr, Joel, Urbanization, Technological Progress, and Economic
     History, in: Giersch, Herbert (Hrsg.), Urban Agglomeration and
     Economic Growth, Berlin/Heidelberg 1994, S. 3–37.

25   Ebd., S. 9 f. und 26 f. (Hervorhebung im Original).

26   Vgl. Williamson, Jeffrey G., Migration and City Growth during
     Industrial Revolutions, in: Giersch, Herbert (Hrsg.), Urban
     Agglomeration and Economic Growth, Berlin/Heidelberg 1994,
     S. 77–104.

27   Borys, Christian/Stepanovych, Roman, How a city of conflict
     became a tech hotspot, 11.9.2018, https://www.bbc.com/worklife/
     article/20180910-a-city-turning-to-face-the-west (abgerufen am
     28.8.2022).

28   Ebd.

29   Vgl. Romer, Paul M., Endogenous Technological Change, in: Journal of
     Political Economy 98/5 Teil 2 (1990), S. 71–102.

30   Vgl. Krugman, Paul, Development, Geography and Economic Theory,
     Cambridge 1995.

31   Vgl. Hüther, Michael, Wozu Regionalpolitik? Wo liegt das Problem?, in:
     Wirtschaftsdienst 99/13 (2019), S. 3–9.

32   Moretti, Enrico, Does New York Still Have a Future in Tech?, in: The
     New York Times, 20.2.2019; ders., The New Geography of Jobs, Boston
     2012.

33   Vgl. Manyika, James u. a., Superstars. The dynamics of firms, sectors,
     and cities leading the global economy, McKinsey Gloval Institute
     Discussion Paper, 24.10.2018.

34   Vgl. Dauth u. a., 2018.

35 Vgl. Apple Newsroom, Apple investiert über eine Milliarde Euro in
    Deutschland und plant Europäisches Zentrum für Chip-Design in
    München, 10.3.2021, https://www.apple.com/de/newsroom/2021/03/
    apple-will-invest-over-1-billion-euros-in-germany-and-plans-
    european-silicon-design-center-in-munich/#:~:text=Apple%20
    investiert%20%C3%BCber%20eine%20Milliarde%20Euro%20in%20
    Deutschland,widmet%20M%C3%BCnchen%20wird%20Apples%20
    Europ%C3%A4isches%20Zentrum%20f%C3%BCr%20Chip-Design
    (abgerufen am 6.6.2022).

36 Vgl. Ford Media Center, Ford investiert eine Milliarde US-Dollar und
    gründet europäisches Electrification Center in Köln, 17.2.2021, https://
    media.ford.com/content/fordmedia/feu/at/de/news/2021/02/17/
    ford-investiert-eine-milliarde-us-dollar-und-gruendet-europaeisc.
    html#:~:text=WIEN%2C%2017.%20Februar%202021%20
    %E2%80%93%20Ford%20investiert%20eine,K%C3%B6lner%20
    Standort%20zum%20Ford%20Cologne%20Electrification%20
    Center%20aus (abgerufen am 6.6.2022).

37 Vgl. o. V., Intel baut Chipfabrik in Magdeburg, Tagesschau, https://
    www.tagesschau.de/wirtschaft/unternehmen/intel-magdeburg-101.
    html (abgerufen am 6.6.2022); o. V., Infineon plant Rekordinvestition
    in Dresden, https://www.spiegel.de/wirtschaft/infineon-plant-
    rekordinvestition-in-dresden-a-58521f38-9aac-4fcc-84b3-cd65a7c940ec
    (abgerufen am 17.11.2022).

38 Vgl. Büchel, Jan/Klös, Hans-Peter, Metaverse. Hype oder »next big
    thing«? IW-Report 42 (2022) https://www.iwkoeln.de/studien/jan-
    buechel-hans-peter-kloes-hype-oder-next-big-thing.html (abgerufen am
    28.8.2022).

39 Vgl. World Economic Forum, Strategic Intelligence. The
    Metaverse: Gaming and the Metaverse, 2022, https://intelligence.
    weforum.org/topics/a1G680000004EbNEAU/key-issues/
    a1G680000004EegEAE?utm_source=sfmc&utm_medium=email&utm_
    campaign=2779784_Si-public-content-roundup&utm_term= (abgerufen
    am 28.8.2022).

40 Vgl. Thompson, Derek, Superstar Cities Are in Trouble, in: The Atlantic,
    1.2.2021; Yglesias, Matthew, The future of the superstar city, in: Slow
    Boring, 29.1.2021.

41 Vgl. Yglesias, 2021.

42 Gerhardt, 2012, S. 36 f.

43 »In two experiments, we found that seeking help in-person was far superior to seeking help through any form of mediated communication channel – including seeking help over synchronous, with- face video channels«, Roghanizad, Mahdi/Bohns, Vanessa, Should I Ask Over Zoom, Phone, Email, or In-Person? Communication Channel and Predicted Versus Actual Compliance, in: Social Psychological and Personality Science 13/7 (2021). Entsprechend zeigt explorative Forschung zum Ruhrgebiet, dass das persönliche Gespräch noch als die wichtigste Informationsquelle auch für politische Informationen angesehen wird, vgl. Schüler, Ruth Maria/ Niehues, Judith/Diermeier, Matthias, Politisches Informationsverhalten. Gespräche und traditionelle Medien liegen vorn, IW Report 2 (2021), https://www.iwkoeln.de/studien/ruth-maria-schueler-judith-niehues-matthias-diermeier-gespraeche-und-traditionelle-medien-liegen-vorn.html (abgerufen am 9.11.2022).

44 Tarlo, Emma, Clothing Matters. Dress and Identity in India, London 1996, S. 37 f.

IV. Skepsis als Zumutung in Zeiten existenzieller Gefährdung

1   Gerhardt, 2012, S. 26 und 18.

2   Ebd., S. 548.

3   Ebd., S. 15 und 14.

4   Vgl. Arendt, Hannah, Denken ohne Geländer. Texte und Briefe, München/Zürich 2006.

5   Frühwald, Wolfgang, Die Autorität des Zweifels. Verantwortung, Messzahlen und Qualitätsurteile in der Wissenschaft 2007.

6   Ebd., S. 12.

7   Schulze, Gerhard, Gedankenfreiheit in Zeiten der Krise, in: Merkur 9/10 (2010), S. 929.

8   Marquard, Odo, Skepsis in der Moderne, in: ders., Skepsis in der Moderne. Philosophische Studien, Stuttgart 2007, S. 51.

9   Ebd., S. 11.

10 Arendt, 2006, S. 56.

11 Marquard, Odo, Entlastung vom Absoluten, in: ders., Philosophie des Stattdessen, Stuttgart 2000, S. 112 ff.

12 Blumenberg, Hans, Lebenszeit und Weltzeit, Frankfurt a. M. 1986, S. 183.

13 Zur Bedeutung in der ökonomischen Analyse vgl. Shiller, Robert, Narrative Economics. Princeton 2019.

14 Ajouri, Philip, Literatur um 1900. Naturalismus – Fin de Siècle – Expressionismus, Berlin 2009, S. 20.

15 Sloterdijk, Peter, Streß und Freiheit, Berlin 2011, S. 58.

16 Marquard, 2007, S. 51 f.

17 Taubenberger, Jeffrey K./Morens, David M., 1918 Influenza. The Mother of All Pandemics, in: Emerging Infectious Disease 12/1 (2006), S. 15–22.

18 Siemons, Mark, Corona und der Westen. Die zivilisatorische Kränkung, in: Frankfurter Allgemeine Sonntagszeitung, 29.3.2020.

19 Renn, Jürgen, Training für weitere Krisen, in: Frankfurter Allgemeine Zeitung, 18.1.2021, S. 13.

20 Streeck, Wolfgang, Wissenschaftlern folgen? Ja doch, aber welchen?, in: Frankfurter Allgemeine Zeitung, 11.1.2021, S. 13 https://www.faz.net/aktuell/feuilleton/debatten/corona-beitrag-der-soziologie-zur-bewaeltigung-der-krise-17138966.html?premium (abgerufen am 13.11.2022).

21 Frühwald, 2007, S. 13.

22 Blumenberg, Hans, Die Sorge geht über den Fluß, Frankfurt a. M. 1987.

23 Bogner, Alexander, Die Epistemisierung des Politischen. Wie die Macht des Wissens die Demokratie gefährdet, Stuttgart 2021, S. 26.

24 BVerfGE 35, 79, S. 113; vgl. Frühwald, 2007, S. 12.

25 Allen, Douglas W., Covid Lockdown Cost/Benefits. A Critical Assessment of the Literature, April 2021 http://www.sfu.ca/~allen/LockdownReport.pdf (abgerufen am 26.4.2021).

26 Vgl. Eine neue proaktive Zielsetzung für Deutschland zur Bekämpfung von SARS-CoV-2 2. Teil: Handlungsoptionen https://www.ifo.de/publikationen/2021/monographie-autorenschaft/proaktive-zielsetzung-bekaempfung-sars-cov-2-handlungsoptionen (abgerufen am 13.11.2022).

27 Hellwig, Martin/Priesemann, Viola/Wolff, Guntram, Die Mobilität ist das Problem, in: Frankfurter Allgemeine Zeitung, 3.5.2021, S. 13.

28 Jaspers, Karl, Philosophie II. Existenzerhellung, Berlin u. a. ⁴1973, S. 204 ff.

29 Ebd., S. 220.

30   Ebd., S. 221.

31   Ebd.

32   Ebd., S. 224.

33   Nussbaum, Martha, Königreich der Angst. Gedanken zur aktuellen politischen Krise, Darmstadt 2019, S. 49.

34   Plessner, 2003, S. 224.

35   Plessner, 1982, S. 9 ff.

V. Abschied von der Öffentlichkeit und Rückkehr in das »ganze Haus«

1   1 BvR 971/21, 1 BvR 1069/21 vom 19.11.2021. Weiterführend hierzu Lindenberg-Robert, Michael von, Das Grundrecht auf schulische Bildung im Kontext, DVBl. 2022, S. 389 ff.

2   Tenorth, Heinz-Elmar, Eine Pflicht des Staates, Interview in: Frankfurter Allgemeine Zeitung, 3.2.2022.

3   Vgl. Di Fabio, Udo, Es droht eine neue Politik- und Staatsgläubigkeit, in: Frankfurter Allgemeine Zeitung, 30.12.2020.

4   Vgl. Nassehi, Armin, Das große Nein, Hamburg 2020.

5   Volkmann, Uwe, Corona-Maßnahmen. Wann hört es auf?, in: Zeit Online, 9.6.2021, https://www.zeit.de/politik/deutschland/2021-06/corona-massnahmen-staat-pandemiebekaempfung-grundsaetze-demokratie (abgerufen am 13.11.2022).

6   Vgl. Brunner, Otto, Das »ganze Haus« und die alteuropäische »Ökonomik«, in: Neue Wege der Verfassungs- und Sozialgeschichte, Göttingen 1968, S. 105 f.: »Die Ökonomik als Lehre vom Oikos umfasst eben die Gesamtheit der menschlichen Beziehungen und Tätigkeiten im Hause, das Verhältnis von Mann und Frau, Eltern und Kindern, Hausherrn und Gesinde (Sklaven) und die Erfüllung der in Haus- und Landwirtschaft gestellten Aufgaben. […] Die alteuropäische Ökonomik ist die Lehre von der »Wirtschaft« im bäuerlichen Sinn, vom ›ganzen Haus‹.«

7   Vgl. Imhof, 1985.

8   Ebd., S. 22 und 25.

9   Merker, Barbara, Bedürfnis nach Bedeutsamkeit. Zwischen Lebenswelt und Absolutismus der Wirklichkeit, in: Wetz, Franz Josef/Timm, Hermann (Hrsg.), Die Kunst des Überlebens. Nachdenken über Hans Blumenberg, Frankfurt a. M. 1999, S. 87.

10 Imhof, 1985, S. 223.

11 Schulze, 2010, S. 925.

12 Blumenberg, 1986, S. 100.

13 Schulz, 2010, S. 926.

14 Arendt, 1981, S. 74.

15 Ebd., S. 75.

16 Vgl. ebd., S. 68 ff.

17 Vgl. das oben genannte Zitat von Hannah Arendt 1981, S. 59.

18 Vgl. dazu die sechs Stellungnahmen des Corona-Expertenrats der NRW-Landesregierung: https://www.land.nrw/de/pressemitteilung/ expertenrat-corona-der-landesregierung-nordrhein-westfalen-legt-6-stellungnahme-vor (abgerufen am 30.6.2021).

19 Vgl. Goecke, Henry/Rusche, Christian, Das Zusammenspiel zwischen Gastgewerbe und Innenstadt, IW-Kurzbericht 46 (2002), https://www. iwkoeln.de/studien/christian-rusche-das-zusammenspiel-zwischen-gastgewerbe-und-innenstadt.html (abgerufen am 6.6.2022).

20 Vgl. Tenorth, 2022.

21 Vgl. Goodhart, David, The Road to Somewhere. The Populist Revolt and the Future of Politics. London 2017.

22 Vgl. Helbig, Marcel/Jähnen, Stefanie, Wie brüchig ist die soziale Architektur unserer Städte? Trends und Analysen der Segregation in 74 deutschen Städten, in: WZB Discussion Paper P 2018–001, https://dennymoeller. de/wp-content/uploads/2018/10/WZB-Segregation.pdf (zuletzt abgerufen am 13.11.2022): »Die Höhe der Mieten hat entgegen unserer Annahme keinen verstärkenden Einfluss auf die soziale Segregation in einer Stadt.«

23 Vgl. dazu Hüther, Michael, Potenziale und Umsetzung der Digitalisierung auf Unternehmensebene, in: Wirtschaftsdienst 100/13 (2020), S. 12–19; ders., Digitalisierung. Motor im Strukturwandel – Herausforderung für die Wirtschaftspolitik, in: ORDO 68/1 (2020), S. 179–216; Staat, Philipp, Digitaler Kapitalismus. Markt und Herrschaft in der Ökonomie der Unknappheit, Berlin 2019.

24 Vgl. Goldhaber, Michael H., Die Aufmerksamkeits-Ökonomie und das Netz, wiederabgedruckt in: Baumgärtel, Tilman, Texte zur Theorie des Internets. Einleitung zu Ökonomie, Stuttgart 2017, S. 191.

25 Vgl. ebd.

26   Vgl. Reckwitz, Andreas, Das Ende der Illusionen. Politik, Ökonomie und Kultur in der Spätmoderne, Berlin 2019, S. 268 ff.

27   Vgl. Büchel/Klös, 2022.

28   Vgl. Habermas, Jürgen, Strukturwandel der Öffentlichkeit. Untersuchungen zu einer Kategorie der bürgerlichen Gesellschaft, Frankfurt a. M. 1990, S. 156.

29   Habermas., S. 33 und 57.

30   Vgl. Reckwitz, 2019, S. 276.

31   Ebd., S. 10 f.

32   Ebd., S. 15 f.

33   Vgl. Plessner, Helmuth, Grenzen der Gemeinschaft, Frankfurt a. M. 2002.

34   Friedman, Thomas L., Die Welt ist Flach. Eine kurze Geschichte des 21. Jahrhunderts, Frankfurt a. M. 2008.

35   Smick, David M., The World is Curved. Hidden Dangers to the Global Economy, London 2009.

VI. »Zeitenwende«: Bipolare Welt und Systemkonflikt um den öffentlichen Raum

1   Blumenberg, Hans, Legitimität der Neuzeit, Frankfurt a. M. 1966, S. 545.

2   Krastev, Ivan/Holmes, Stephen, Das Licht, das erlosch. Eine Abrechnung. Berlin 2019.

3   Vgl. Ritter, Joachim, Europäisierung als europäisches Problem, in: ders., Metaphysik und Politik. Studien zu Aristoteles und Hegel. Erweiterte Neuausgabe mit einem Nachwort von O. Marquard. Frankfurt a. M. 1989, S. 321–340.

4   Jim O'Neill verwendete 2001 als Chefvolkswirt von Goldman Sachs als Erster diesen Begriff: Building Better Economic BRICs, Goldman Sachs Global Economics Paper 66 (2001).

5   Hüther, Michael/Diermeier, Matthias/Goecke, Henry, Die erschöpfte Globalisierung. Zwischen transatlantischer Orientierung und chinesischem Weg, Wiesbaden ²2019, S. 170 ff.

6 Chatterjee, Mihika/Naka, Ikuno, Twenty years of BRICS. political and economic transformations through the lens of land, Oxford Development Studies 50/1 (2022), S. 5.

7 Vgl. Frankfurter Allgemeine Sonntagszeitung, 26.6.2022, S. 6: »Höchste Zeit, zu gehen«.

8 Vgl. Kunath, Gero/Matthes, Jürgen/Obst, Thomas, Biden's economic agenda risks mid-term elections, IW-Report 59/2022 https://www.iwkoeln.de/studien/juergen-matthes-thomas-obst-bidens-economic-agenda-risks-mid-term-elections.html (abgerufen am 18.11.2022).

9 Vgl. den Lowy Institute Asia Power Index, lowy-institute-2021-asia-power-index-key-findings-report.pdf (lowyinstitute.org) (abgerufen am 13.11.2022).

10 Snyder, Timothy, Deutschlands Verantwortung, in: Frankfurter Allgemeine Sonntagszeitung, 26.7.2022, S. 7.

11 Vgl. Huaihong, He, Social Ethics in a Changing China. Moral Decay or Ethical Awakening? Washington D. C. 2015, S. 37 ff. und 119.

12 Ebd., S. 3.

13 Vgl. ebd., S. 121.

14 Vgl. Hüther/Diermeier/Goecke, 2019, S. 316 ff.

15 Arendt, 2006, S. 58.

VII. Freiheit, Verantwortung und Vermittlung in der vielfältigen Unordnung

1 Plessner, Helmuth, Philosophische Anthropologie, 1970, S. 249.

2 Fromm, Erich, Die Furcht vor der Freiheit, 1945, S. 187.

3 Bender, Justus, Je mehr Angst, umso besser. Der Ton der Klimaaktivisten wird militanter. Werden ihre Forderungen nicht erfüllt, drohen sie mit Gewalt gegen Sachen. Sie sagen: Es geht um Leben und Tod, in: Frankfurter Allgemeine Sonntagszeitung, 20.2.2022, S. 5.

4 Arendt, Hannah, Freiheit und Politik, 1959, http://www.siaf.ch/files/arendt.pdf (abgerufen am 13.11.2022).

5 Ebd.

6 Vgl. Hajek, Dana, Wir gegen die, in: Frankfurter Allgemeine Zeitung, 17.2.2022, S. 15.

7   Zürn, Michael, Nicht alle Stimmen sind gleich. Die Sprengkraft mangelhafter politischer Repräsentation, WZB Mitteilungen 172 (2021), S. 16.

8   Vgl. Augstein, Jakob (Hrsg.), Follow the science – aber wohin? Wissenschaft, Macht und Demokratie im Zeitalter der Krisen, Berlin 2022.

9   Plessner, Helmuth, Die Stufen des Organischen und der Mensch. Einleitung in die philosophische Anthropologie. Gesammelte Schriften IV, Frankfurt a. M. 2003, S. 395.

10   Vgl. Imhof, 1985.

11   Plessner, 2002.

12   Plessner, 2003.

13   Vgl. dazu die von Friedemann Schulz von Thun entwickelten Konzepte des »Kommunikationsquadrats« (Sachebene, Beziehungsebene, Appell, Selbstkundgabe) sowie des »Inneren Teams« (Ich als Ausdruck unterschiedlicher Persönlichkeitsanteile); Schulz von Thun, Friedemann, Miteinander reden 1 – Störungen und Klärungen. Allgemeine Psychologie der Kommunikation. Rowohlt, Reinbek 1981, sowie ders., Miteinander reden 3 – Das »innere Team« und situationsgerechte Kommunikation, Hamburg 1998.

14   Vgl. Plessner, 1970, S. 24 f.

15   Ebd., S. 29, 31, 39 und 41.

16   Ebd., S. 165.

17   Ebd., S. 171.

18   Vgl. ebd., S. 175 ff. (»Über das Lächeln«).

19   Ebd., S. 186.

20   Vgl. Gerhardt, Volker, Partizipation. Das Prinzip der Politik. München 2007.

21   Vgl. Nassehi, Armin, Muster. Theorie der digitalen Gesellschaft, München 2019, S. 18: »dass Techniken sich nur durchsetzen, wenn sie in ihrem sozialen Kontext anschlussfähig sind, heißt das, dass sie ein Problem lösen«.

22   Mayr, Otto, Uhrwerk und Waage. Autorität, Freiheit und technische Systeme in der frühen Neuzeit. München 1987, S. 11.

23   Vgl. Daub, Adrian, Was das Valley denken nennt. Über die Ideologie der Techbranche, Berlin 2020, S. 62 ff.

24 Ebd., S. 67.

25 Ebd., S. 68 f.

26 Ebd., S. 72.

27 Vgl. Fukuyama, Francis u. a., Report of the Working Group on Platform Scale, Stanford University 2020, https://cyber.fsi.stanford.edu/publication/report-working-group-platform-scale (abgerufen am 23.3.2022).

28 Vgl. Berger, Peter L., Allgemeine Betrachtungen über normative Konflikte und ihre Vermittlung, in: ders. (Hrsg.), Die Grenzen der Gemeinschaft. Konflikte und Vermittlung in pluralistischen Gesellschaften, Gütersloh 1997, S. 582.

29 Lobo, Sascha, Zur Digitalen Lage der Republik. Die fünf Digitallehren aus Corona. Rede auf der Digitalkonferenz re:publica, 21.5.2021, https://videogold.de/sascha-lobo-zur-digitalen-lage-der-nation-die-fuenf-digitallehren-aus-corona-republica-2021/ (abgerufen am 25.5.2021).

30 Vgl. z. B. Hajek, 2022.

31 Berger, 1997, S. 599 und 602 ff.

32 Vgl. Coase, Ronald H., The Problem of Social Cost, in: Journal of Law and Economics 3 (1960), S. 1–44.

33 Vgl. dazu Dritter Engagementbericht »Zukunft Zivilgesellschaft: Junges Engagement im digitalen Zeitalter« im Auftrag der Bundesregierung https://www.dritterengagementbericht.de/ (abgerufen am 1.3.2020).

34 Arendt, Hannah, Von der Menschlichkeit in finsteren Zeiten. Rede über Lessing, München 1960.

35 Vgl. Diermeier, Matthias/Niehues, Judith, Demokratische Resilienz in Deutschland? Parlamentarische Verfahrensakzeptanz im Licht individueller Problemwahrnehmung, IW-Trends 48/3 (2021), S. 89–112.

36 Vgl. Hüther/Diermeier/Goecke, 2019, S. 317 f.

37 Vgl. Reckwitz, 2019, S. 298 f.

38 Vgl. dazu Freiwilliges Engagement in Deutschland. Zentrale Ergebnisse des Fünften Deutschen Freiwilligensurveys, Berlin 2021 Freiwilliges Engagement in Deutschland (bmfsfj.de) (abgerufen an 27.11.2022).

39 Vgl. Reckwitz, 2019, S. 300 f.

40 Vgl. Stanford University, 2020, S. 11 ff.

41 Vgl. ebd., S. 30 ff.

42   Maresch, Rudolf, Zeit für Utopien, in: ders./Rötzer, Florian (Hrsg.),
     Renaissance der Utopie. Zukunftsfragen des 21. Jahrhunderts, Frankfurt
     a. M. 2004, S. 7.

43   Vgl. ebd., S. 7.

44   Reckwitz, 2019, S. 285 ff.

45   Vgl. Minkmar, Nils, Ruhe, bitte. Ständig und zu jedem Anlass wird
     der »breite gesellschaftliche Dialog« gefordert. Warum wohl?, in:
     Süddeutsche Zeitung, 7.7.2022.

Leitfaden Klimaneutralität – kompakt und verständlich

160 Seiten | Klappenbroschur
ISBN 978-3-451-39358-7

Achim Wambach analysiert die unterschiedlichen Maßnahmen der Klimapolitik und die Marktmechanismen, die dahinter wirken. Dabei kommt er zu überraschenden Ergebnissen: Solaranlagen können beispielsweise wirtschaftlich sinnvoll sein, nicht aber klimapolitisch. Der Volkswirt macht deutlich, dass wir den Klimaschutz umstellen müssen und gibt Kriterien an die Hand, was dem Klima wirklich nützt.

In jeder Buchhandlung!

HERDER

www.herder.de

Eine Weltgeschichte unserer Wirtschaft und ihrer Krisen

544 Seiten | Gebunden
mit Schutzumschlag
ISBN 978-3-451-39325-9

Wirtschaftshistoriker Harold James analysiert die Wirtschaftskrisen der letzten 200 Jahre und wie man sie bewältigte. Er setzt die großen Umbrüche samt der aktuellen Krisen miteinander in Beziehung und macht deutlich, wie sie unsere Gesellschaft geprägt haben und wie man aus den Fehlern der Vergangenheit lernen kann. Eine großartige Weltgeschichte unserer Wirtschaft, mit Lehren für die Zukunft.

In jeder Buchhandlung!

HERDER

www.herder.de